LA VIE PRIVÉE DU ROI DE PRUSSE.

FREDERIC . II.
Roy de Prusse.

LA
VIE PRIVÉE
DU
ROI DE PRUSSE:

OU

Mémoires pour servir à la vie de Mr. de Voltaire, écrits par lui-même.

A AMSTERDAM,
Chez les Héritiers de MM. REY.
M. DCC. LXXXIV.

ANECDOTES DU ROI DE PRUSSE.

Ou Mémoires pour servir à la vie de Mr. de Voltaire, écrits par lui-même.

J'ÉTAIS las de la vie oisive & turbulente de Paris, de la foule des petits-Maitres, des mauvais Livres imprimés avec approbation & privilége du Roi, des cabales des Gens de Lettres, des bassesses & du brigandage des misérables qui deshonoraient la Littérature. Je trouvai en 1733 une jeune Dame qui pensait à peu-près comme moi, & qui prit la résolution d'aller passer plusieurs années à la campagne, pour y cultiver son esprit, loin du tumulte du monde: c'était Madame la Marquise du Châtelet, la femme de France qui avait le plus de disposition pour toutes les sciences.

Son pere, le Baron de Breteuil, lui avait fait apprendre le latin, qu'elle possédait comme Madame Dacier: elle savait par coeur les plus beaux morceaux d'Horace, de Virgile & de Lucrece: tous les Ouvrages philosophiques de Cicéron lui étaient familiers: son goût dominant était pour les Mathématiques & pour la Métaphysique: on a rarement uni plus de justesse d'esprit & plus de goût, avec plus d'ardeur de s'instruire: elle n'aimait pas moins le monde & tous les amusemens de son âge & de son sexe; cependant elle quitta tout pour aller s'ensevelir dans un château délabré, sur les frontieres de la Champagne & de la Lorraine, dans un terrein très-ingrat & très-vilain. Elle embellit ce château, qu'elle orna de jardins agréables. J'y bâtis une galerie; j'y formai un très-beau cabinet de physique ; nous eûmes une bibliothèque nombreuse : quelques savans vinrent philosopher dans notre retraite ; nous eûmes deux ans entiers le célebre Koeniq, qui est mort Professeur à la Haye, & Bibliothécaire de Madame la Princesse d'Orange. Maupertuis vint avec Jean Bernouilly ; & dès-lors Maupertuis, qui était né le plus jaloux des hommes, me prit pour l'objet de cette passion, qui lui a toujours été très-chère. J'enseignai l'Anglais à Madame du Châtelet, qui, au bout de de trois mois, le sut aussi-bien que moi, & qui lisait également Loke, Newton & Pope. Elle apprit l'Italien aussi vite. Nous lûmes ensemble tout le Tasse & tout l'Arioste ; de sorte que quand Algaroti vint à Ciry, où il acheva son *Neutonioss o per le dame*, il la trouva assez savante dans sa langue pour lui donner de très-bons avis, dont il profita. Algaroti était un Vénitien fort aimable, fils d'un Marchand fort riche : il voyageait dans toute l'Europe, favait un peu de tout, & donnait à tout de la grace.

Nous ne cherchions qu'à nous instruire dans cette délicieuse retraite, sans nous informer de ce qui se passait dans le reste du monde : notre plus grande attention se tourna long-tems du côté de Leibnitz & de Newton. Madame du Châtelet s'attacha d'abord à Leibnitz, & développa une partie de son systême dans un Livre très-bien écrit, intitulé, *Institutions de Physique* : elle ne chercha point à parer cette philosophie d'ornemens étrangers : cette affectation n'entrait point dans son caractere mâle & vrai. La clarté, la précision & l'élégance composaient son style. Si jamais on a pu donner quelque vraisemblance aux idées de Leibnitz, c'est dans ce Livre qu'il la faut chercher : mais on commence aujourd'hui à ne plus s'embarrasser de ce que Leibnitz a pensé. Née pour la vérité, elle abandonna bientôt les systêmes, & s'attacha aux découvertes du grand Newton.

Elle traduisit en Français tout le Livre des Principes de Mathématiques ; & depuis, lorsqu'elle eût fortifié ses connaissances, elle ajouta à ce Livre, que si peu de gens entendent un Commentaire algébrique, qui n'est pas davantage à la portée du commun des Lecteurs. M. Cléraut, l'un de nos meilleurs Géomètres, a revu exactement ce Commentaire : on en a commencé une édition ; il n'est pas honorable pour notre siecle qu'elle n'ait pas été achevée.

Nous cultivions à Cirey tous les Arts ; j'y composai Alzire, Mérope, l'Enfant prodigue, Mahomet ; je travaillai pour elle à un essai sur l'Histoire générale depuis Charlemagne jusqu'à nos jours ; je choisis cette époque de Charlemagne, parce que c'est celle où Bossuet s'est arrêté, & que je n'osais toucher à ce qui avoit été traité par ce grand homme ; cependant elle n'était pas contente de l'Histoire Universelle de ce Prélat ; elle l'a trouvée trop éloquente ; elle était indignée que presque tout l'Ouvrage de Bossuet roulât sur une nation aussi méprisable que celle des Juifs.

Après avoir passé six ans dans cette retraite, au milieu des Sciences & des Arts, il fallut que nous allassions à Bruxelles, où la Maison du Châtelet avait depuis long-tems un procès considérable contre la Maison de Honsbrouk. J'eus le bonheur d'y trouver un petit-fils de l'illustre & infortuné grand Pensionnaire de Witt, qui était Premier-Président de la Chambre des Comptes, & avoit une des plus belles bibliotheques de l'Europe, qui me servit beaucoup pour l'Histoire générale ; mais j'eus à Bruxelles un bonheur plus rare, & qui me fut plus sensible ; j'accomodai le procès pour lequel les deux *Maisons* se ruinaient en frais depuis soixante ans : je fis avoir à M. le Marquis du Châtelet deux cens vingt mille livres argent comptant, moyennant quoi tout fut terminé.

Lorſque j'étais encore à Bruxelles, en 1740, le gros Roi de Pruſſe Fréderic-Guillaume, le moins endurant de tous les Rois, ſans contredit le plus économe & le plus riche en argent comptant, mourut à Berlin. Son fils, qui s'eſt fait une réputation ſi ſingulière, entretenait un commerce aſſez régulier avec moi depuis plus de quatre années. Il n'y a jamais eu peut-être au monde de pere & de fils qui ſe reſſemblaſſent moins que ces deux Monarques.

Le pere était un véritable Vandale, qui dans tout ſon regne n'avait ſongé qu'à amaſſer de l'argent, & à entretenir, à moins de frais qu'il ſe pouvait, les plus belles troupes de l'Europe. Jamais ſujets ne furent plus pauvres que les ſiens, & jamais Roi ne fut plus riche. Il avoit acheté, à vil prix, une grande partie de terres de ſa Nobleſſe, laquelle avait mangé bien vîte ce peu d'argent qu'elle en avait tiré, & la moitié de cet argent était rentré dans les coffres du Roi par les impôts ſur la conſommation. Toutes les terres royales étaient affermées à des Receveurs qui étaient en même-temps exacteurs & juges ; de façon que quand un cultivateur n'avait pas payé au fermier à jour nommé, ce fermier prenait ſon habit de juge, & condamnait le délinquant au double. Il faut obſerver que quand ce même juge ne payait pas le Roi, le dernier du mois, il était lui-même taxé au double le premier du mois ſuivant.

Un homme tuait-il un lievre, ébranchait-il un arbre dans le voiſinage des terres du Roi, ou avait-il commis quelque autre faute, il fallait payer une amende. Une fille faiſait-elle un enfant, il fallait que la mere, ou le pere ou les parens donnaſſent de l'argent au Roi pour la façon. Madame la Baronne de Knipauſen, la plus riche veuve de Berlin, c'eſt-à-dire, qui poſſédait ſept à huit mille livres de rente, fut accuſée d'avoir mis au monde un ſujet du Roi dans la seconde année de son veuvage : le Roi lui écrivit de sa main, que, pour sauver son honneur, elle envoya sur-le-champ trente mille livres à son trésor ; elle fut obligée de les emprunter, & fut ruinée.

Il avait un Ministre à la Haye, nommé Luisius : c'était assurément de tous les Ministres des têtes couronnées le plus mal payé ; ce pauvre homme, pour se chauffer, fit couper quelques arbres dans le jardin de Hous-Lardik, appartenant pour lors à la maison de Prusse ; il reçut bientôt après des dépêches du Roi son maître, qui lui retenaient une année d'appointemens. Luisius désespéré se coupa la gorge avec le seul rasoir qu'il eût : un vieux valet vint à son secours, & lui sauva malheureusement la vie. J'ai retrouvé depuis son Excellence à la Haye, & je lui ai fait l'aumône à la porte du Palais, nommé la vieille Cour-Palais, appartenant au Roi de Prusse, où ce pauvre Ambassadeur avait demeuré douze ans.

Il faut avouer que la Turquie est une République en comparaison du despotisme exercé par Frédéric-Guillaume ; c'est par ces moyens qu'il parvint en 28 ans de regne à entasser dans les caves de son Palais de Berlin, environ 20 millions d'écus bien enfermés dans des tonneaux garnis de cercles de fer. Il se donna le plaisir de meubler tout ce grand appartement du Palais, de gros effets d'argent massif, dans lesquels l'art ne surpassait pas la matiere : il donna aussi à la Reine sa femme, en compte, un cabinet dont tous les meubles étaient d'or, jusqu'aux pommeaux des pelles & des pincettes, & jusqu'aux cafetieres.

Le Monarque sortait à pied de son Palais, vêtu d'un méchant habit de drap bleu, à boutons de cuivre, qui lui venait à la moitié des cuisses ; & quand il achetait un habit neuf, il faisait servir ses vieux boutons. C'est dans cet équipage que Sa Majesté, armée d'une grosse canne de sergent, faisait tous les jours la revue de son régiment de Géans ; ce régiment était son goût favori, & sa plus grande dépense. Le premier rang de sa compagnie était composé d'hommes, dont le plus petit avait sept pieds de haut ; il les faisait acheter au bout de l'Europe & de l'Asie ; j'en vis encore quelques-uns après sa mort.

Le Roi, son fils, qui aimait les beaux hommes, & non les grands hommes, avait mis ceux-ci chez la reine sa femme, en qualité d'Eduques. Je me souviens qu'ils accompagnèrent un vieux carrosse de parade qu'on envoya au-devant du Marquis de Beauveau, qui vint complimenter le nouveau Roi, au mois de Novembre 1740. Le feu Roi Frédéric-Guillaume, qui avait autrefois fait vendre tous les meubles magnifiques de son pere, n'avait pu se défaire de cet énorme carrosse dédoré. Les Eduques qui étaient aux portieres pour le soutenir, en cas qu'il tombât, se donnaient la main par-dessus l'impériale.

Quand Fréderic-Guillaume avait fait sa revue, il allait se promener par la ville ; tout le monde s'enfuyait au plus vite. S'il rencontrait une femme, il lui demandait pourquoi elle perdait son temps dans la rue ? „ Va-t'en chez toi, gueuse, une honnête femme doit être dans son ménage " : & il accompagnait cette rémontrance d'un bon soufflet, ou d'un coup de pied dans le ventre, ou de quelques coups de canne ; c'est ainsi qu'il traitait aussi les Ministres du Saint Evangile, quand il leur prenait envie d'aller voir la parade.

On peut juger si ce Vandale était étonné & fâché d'avoir un fils plein d'esprit, de grace, de politesse, & d'envie de plaire, qui cherchait à s'instruire, & qui faisait de la musique & des vers. Voyait-il un livre dans les mains du Prince héréditaire, il le jettait au feu. Le Prince jouait-il de la flûte, le pere cassait la flûte, & quelquefois traitait son Altesse Royale comme il traitait les Dames & les Prédicans à la parade.

Le Prince lassé de toutes les attentions que son pere avait pour lui, résolut un beau matin, en 1730, de s'enfuir, sans bien savoir encore s'il iroit en Angleterre ou en France : l'économie paternelle ne le mettait pas à portée de voyager comme le fils d'un Fermier-Général, ou d'un Marchand Anglais. Il emprunta quelques centaines de ducats. (Deux jeunes gens fort aimables, Kat & Keit devaient l'accompagner). Kat était le fils unique d'un brave Officier-Général, & Keit était gendre de cette même Baronne de Knipausen, à qui il avait coûté dix mille écus pour faire des enfans. Le jour & l'heure étaient déterminés. Le pere fut informé de tout. On arrêta en même-temps le Prince & ses deux compagnons de voyage. Le Roi crut d'abord que la Princesse Guillelmine sa fille, qui a depuis épousé le

Prince Markgrave de Bareith, était du complot; & comme il était expeditif en fait de justice, il la jetta à coups de pieds par une fenêtre qui s'ouvrait jusqu'au plancher. La Reine-mere, qui se trouva à cette expédion dans le tems que Guillelmine sa fille allait faire le saut, la retint à peine par ses jupes. Il resta à la Princesse une contusion audessus du teton gauche, qu'elle a conservée toute sa vie, comme une marque des sentimens paternels qu'elle m'a fait l'honneur de me montrer.

Ce Prince avoit une espece de maitresse, fille d'un maître d'école de la ville de Brandebourg, établie à Potzdam; elle jouait du Clavecin assez mal, le Prince Royal l'accompagnait de la flûte, il crut être amoureux d'elle, mais il se trompait: sa vocation n'était pas pour le sexe; cependant comme il avait fait semblant de l'aimer, le pere fit faire à cette demoiselle le tour de la Place de Potzdam, conduite par le Boureau, qui la fouettait sous les yeux de son fils.

Après l'avoir regalé de ce ſpectacle, il le fit transférer à la Citadelle de Cuſtrin, ſituée au milieu d'un marais. C'eſt-là qu'il fut enfermé dix mois, ſans domeſtiques, dans une eſpece de cachot, & au bout de ſix mois on lui donna un ſoldat pour le ſervir; ce ſoldat jeune bien fait, & qui jouait de la flûte, ſervait en plus d'une maniere à amuſer le priſonnier. Tant de belles qualités ont fait depuis ſa fortune. Je l'ai vu à la fois Valet-de-chambre & premier Miniſtre, avec toute l'inſolence que ces deux poſtes peuvent inſpirer.

Le Prince était dequis quelques ſemaines dans ſon Château de Cuſtrin, lorſqu'un jour un vieil Officier, ſuivi de quatre Grenadiers, entra dans ſa chambre, fondant en larmes. Fréderic ne douta pas qu'on ne vint lui couper le cou; mais l'Officier, toujours pleurant, le fit prendre par les quatre Grenadiers, qui le placerent à la fenêtre, & qui lui tinrent la tête, tandis qu'on coupait celle de ſon ami Kat, ſur un échafaud dreſſé immédiatement ſous sa croisée. Il tendit la main à Kat & s'évanouit. Le pere était présent à ce spectacle, comme il l'avait été à celui de la fille fouettée.

Quant à Keit, l'autre confident, s'enfuit en Hollande. Le Roi dépêcha des soldats pour le prendre : il ne fut manqué que d'une minute, & s'embarqua pour le Portugal, où il demeura jusqu'à la mort du clément Fréderic-Guillaume.

Le Roi ne vouloit pas demeurer-là. Son dessein était de faire couper la tête à son fils. Il considérait qu'il avait trois autres garçons, dont aucun ne faisait des vers, & que c'était assez pour la grandeur de la Prusse. Les mesures étaient déja prises pour faire condamner le Prince Royal à la mort, comme l'avait été le Czarvitz, fils aîné du Czar Pierre I.

Il ne paraît pas bien décidé par les loix divines & humaines qu'un jeune prince doive avoir le cou coupé, pour avoir voulu voyager : mais le Roi avoit trouvé à Berlin des juges aussi habiles que ceux de Rusfie ; en tout cas, son autorité paternelle aurait suffi. L'Empereur Charles VI, qui prétendait que le Prince Royal, comme Prince de l'Empire, ne pouvait être jugé à mort que dans une Diette, envoya le Comte de Sekendorf au pere, pour lui faire les plus sérieuses remontrances, le Comte de Sekendorf que j'ai vu depuis en Saxe, où il s'était retiré, m'a juré qu'il avait eu beaucoup de peine à obtenir qu'on ne tranchât pas la tête au Prince. C'est ce même Sekendorf qui a commandé les armées de Baviere, & dont le Prince devenu le Roi de Prusse, fait un portrait affreux, dans l'histoire de son pere, qu'il a inséré dans une trentaine d'exemplaires des Mémoires de Brandebourg, j'ai même donné à l'Electeur Palatin l'exemplaire dont le Roi de Prusse m'avait fait présent. Après cela, servez les Princes, & empêchez qu'on ne leur coupe la tête. Au bout de dix-huit mois les sollicitations de l'Empereur, & les larmes de la Reine obtinrent la liberté du Prince héréditaire, qui se mit à faire des vers & de la musique plus que jamais. Il lisait Leibnitz, & même Wolf, qu'il appellait un compilateur de fatras, & il donnait, tant qu'il pouvait, dans toutes les sciences à la fois.

Comme son pere lui accordoit peu de part aux affaires, dans ce pays où tout consistait en revues, il employa son loisir à écrire aux Gens de Lettres de France, qui étaient un peu connus dans le monde. Le principal fardeau tomba sur moi ; c'était des Lettres en vers, c'était des Traités de Métaphysique, d'Histoire & de Politique ; il me traitait d'homme divin, je le traitais de Salomon ; les épithètes ne nous coûtaient rien : on a imprimé quelques unes de ces fadaises dans le recueil de mes Œuvres, & heureusement on n'en a pas imprimé la trentieme partie. Je pris la liberté de lui envoyer une très-belle écritoire de Martin ; il eut la bonté de me faire présent de quelques colifichers d'ambre, & les beaux-esprits des cafés de Paris s'imaginèrent avec horreur que ma fortune était faite.

Un jeune Curlandais, nommé Keizerling, qui faisait aussi des vers français tant bien que mal, & qui en conséquence était alors son favori, nous fut dépêché à Cirey, des frontieres de la Poméranie; nous lui donnâmes une fête; je fis une belle illumination, dont les lumieres dessinaient les chiffres & le nom du Prince Royal, avec cette devise, *l'espérance du genre humain.* Pour moi, si j'avais voulu concevoir des espérances personnelles, j'en étais très en droit, car on m'écrivait, mon cher ami, & on me parlait souvent dans les dépêches de marques solides d'amitié qu'on me destinait quand on serait sur le trône.

Il y monta enfin, lorsque j'étais à Bruxelles, & commença par envoyer en France en Ambassade extraordinaire, un manchot nommé Camas ci-devant Français réfugié, & alors Officier dans ses troupes. Il disait qu'il y avoit un Ministre de France à Berlin, à qui manquait une main, & que pour s'acquitter de tout ce qu'il devait au Roi de France, il lui envoyait un Ambaſſadeur qui n'avait qu'un bras. Camas, en arrivant au cabaret me dépêcha un jeune homme, qu'il avait fait ſon Page, pour me dire qu'il était trop fatigué pour venir chez moi, qu'il me priait de me rendre chez lui ſur l'heure, & qu'il avait le plus magnifique préſent à me faire de la part du Roi ſon maître. Courez vîte, dit Madame du Châtelet, on vous envoie sûrement les diamans de la Couronne. Je courus, je trouvai l'Ambaſſadeur, qui; pour toute valiſe avait derrière ſa chaiſe un cartaut de vin de la cave du feu Roi, que le Roi regnant m'ordonnoit de boire. Je m'épuiſai en proteſtations d'étonnement & de reconnoiſſance ſur les marques liquides des bontés de Sa Majeſté, ſubſtituées aux ſolides dont elle m'avait flatté, & je partageai le cartaut avec Camas.

Mon Salomon était alors à Strasbourg; la fantaiſie lui avait pris en viſitant ſes longs & étroits Etats, qui allaient depuis

Gueldres jusqu'à la mer Baltique, de voir incognito les frontieres & les troupes de France. Il se donna ce plaisir à Strasbourg, sous le nom du Comte du Four, riche Seigneur de Boheme : son frere le Prince Royal, qui l'accompagnait, avait pris son nom de guerre, & Algaroti, qui s'était déja attaché à lui, était le seul qui ne fut pas en masque.

Le Roi m'envoya à Bruxelles une relation de son voyage, moitié prose & moitié vers, dans un goût approchant de Bachaumont & de Chapelle; c'est-à-dire, autant qu'un Roi de Prusse peut en approcher. Voici quelques endroits de sa Lettre.

„ Après des chemins affreux, nous
„ avons trouvé des gîtes plus affreux
„ encore;

Car des hôtes intéressés,
De la faim nous voyant pressés,
Dans une chaumiere infernale,
En nous empoisonnant, nous volaient nos écus.
O siècle différent du temps du Lucullus!

Des chemins affreux, mal nourris, mal abreuvés : ce n'était pas tout, nous essuyâmes encore bien d'autres accidens ; & il faut assurément que notre équipage ait un air bien singulier, puisqu'à chaque endroit ou nous passâmes, on nous prit pour quelqu'autre.

Les uns nous prenaient pour des Rois,
D'autres pour des filoux courtois,
D'autres pour gens de connaissance ;
Par fois le peuple s'attroupait,
Entre les yeux nous regardait,
En badauts curieux remplis d'impertinence.

Le maître de Poste de Kell nous ayant assuré qu'il n'y avait point de salut sans passe-port ; & voyant que le cas nous mettait dans la nécessité absolue d'en faire nous-mêmes, ou de ne point entrer à Strasbourg ; il fallut prendre le premier parti, à quoi les armes prussiennes que j'avais sur mon cachet nous secondèrent merveilleusement : nous arrivâmes à Strasbourg, & le corsaire de la douane, & le visiteur parurent contens de nos preuves.

Ces scélérats nous épiaient,
D'un œil le passe-port lisaient,
De l'autre lorgnaient notre bourse ;
L'or qui toujours fut de ressource,
Par lequel Jupin jouissait
De Danaé qu'il caressait :
L'or par qui César gouvernait
Le monde heureux sous son Empire :
L'or plus Dieu que Mars & l'Amour ;
Le même or sut nous introduire
Le soir dans les murs de Strasbourg.

On voit par cette Lettre qu'il n'était pas encore devenu le meilleur de nos Poëtes, & que sa philosophie ne regardait pas avec indifférence le métal dont son pere avait fait provision.

De Strasbourg il alla voir ses États de la basse-Allemagne ; il me manda qu'il viendrait incognito me voir à Bruxelles ; nous lui préparâmes une belle maison ; mais étant tombé malade dans le petit château de Meuse, à deux lieux de Cloves, il m'écrivit qu'il comptoit que je ferais les avances. J'allai donc lui présenter mes profonds respects.

Maupertuis qui avait déja ses vues, & qui était possédé de la rage d'être Président d'une Académie, s'était présenté de lui-même; il logeait avec Algaroti & Keizerling dans un grenier de ce palais. Je trouvai à la porte de la cour un soldat pour toute garde. Le Conseiller privé Rambonet, Ministre d'Etat, se promenait dans la cour, en soufflant sur ses doigts: il portait de grandes manchettes de toile sale, un chapeau troué, une vieille perruque de Magistrat, dont un côté entrait dans une de ses poches, & l'autre passait à peine l'épaule. On me dit que cet homme était chargé d'une affaire d'Etat importante, & cela était vrai.

Je fus conduit dans l'appartement de Sa Majesté: il n'y avait que les quatre murailles. J'apperçus dans un cabinet, à la lueur d'une bougie, un petit grabat de deux

deux pieds & demi de large, sur lequel était un petit homme affublé d'une robe de chambre de drap bleu : c'étoit le Roi, qui suait, & qui tremblait sous une méchante couverture, dans un accès de fièvre violent. Je lui fis la révérence, & commençai la connaissance par lui tâter le pouls, comme si j'avais été son premier Médecin. L'accès passé, il s'habilla, & se mit à table : Algaroti, Keiserling, Maupertuis, & le Ministre du Roi auprès des Etats-Généraux, nous fûmes du souper, où l'ou traita à fond de l'immortalité de l'ame, de la liberté, & des androgines de Platon.

Le Conseiller Rambonet était pendant ce temps-là monté sur un cheval de louage; il alla toute la nuit, & le lendemain arriva aux portes de Liege où il instrumenta, au nom du Roi son maître, tandis que deux mille hommes des troupes de Wesel mettaient la Ville de Liege à contribution. Cette belle expédition avait pour prétexte quelques droits que le Roi prétendait sur un fauxbourg. Il me chargea même de travailler au manifeste, & j'en fis un tant bon que mauvais, ne doutant pas qu'un Roi avec qui je soupais, & qui m'appelloit son ami, ne dût avoir toujours raison. L'affaire s'accommoda bien-tôt, moyennant un million, qu'il exigea en ducats de poids, & qui servirent à l'indemniser des frais de son voyage de Strasbourg, dont il s'était plaint pans sa poëtique Lettre.

Je ne laissai pas de me sentir attaché à lui, car il avait de l'esprit & des graces, & de plus il était Roi, ce qui fait toujours une grande séduction, attendu la faiblesse humaine. D'ordinaire ce sont nous autres Gens de Lettres qui flattons les Rois. Celui-là me louoit depuis les pieds jusqu'à la tête, tandis que l'Abbé Desfontaines, & d'autres gredins, me diffamaient dans Paris, au moins une fois la semaine.

Le Roi de Prusse, quelque tems avant la mort de son pere, s'était avisé d'écrire contre les principes de Machiavel. Si Machiavel avait eu un Prince pour disciple, la premiere chose qu'il lui eût recommandé, aurait été d'écrire contre lui : mais le Prince Royal n'y avait pas entendu tant de finesse ; il avait écrit de bonne-foi dans le tems qu'il n'était pas encore Souverain, & que son pere ne lui faisait pas aimer le pouvoir despotique. Il louait alors de tout son cœur la modération, la justice ; & dans son enthousiasme il regardait toute usurpation comme un crime. Il m'avait envoyé son manuscrit à Bruxelles, pour le corriger & le faire imprimer : j'en avais déja fait présent à un Libraire de Hollande, nommé Vanduren, le plus insigne frippon de son espece. Il me vint enfin un remords de faire imprimer l'anti-Machiavel, tandis que le Roi de Prusse qui avait cent millions dans ses coffres, en prenait un aux pauvres Liégeois, par la main du Conseiller Rambonet. Je jugeai que mon Salomon ne s'en tiendrait pas là. Son pere lui avait laissé soixante-six mille quatre cens hommes complets d'excellentes troupes ; il les augmenta, & paraissais avoir envie de s'en servir à la premiere occasion.

Je lui représentais qu'il n'était peut-être pas convenable d'imprimer son Livre, précisément dans le même-temps qu'on pourrait lui reprocher d'en violer les préceptes ; il me permit d'arrêter l'édition. J'allai en Hollande, uniquement pour lui rendre ce petit service ; mais le Libraire demanda tant d'argent, que le Roi, qui d'ailleurs n'était pas fâché dans le fond du coeur d'être imprimé, aima mieux l'être pour rien, que de payer pour ne l'être pas.

Lorsque j'étais en Hollande occupé de cette besogne, Charles VI mourut au mois d'Octobre 1740 d'une indigestion de champignons, qui lui causa une apoplexie ; & ce plat de champignons changea la destinée de l'Europe. Il parut bientôt que Fréderic II, Roi de Prusse, n'était pas aussi ennemi de Machiavel, que le Prince Royal avait paru l'être. Quoiqu'il roulât déja dans sa tête le projet de son invasion dans la Silésie, il ne m'appella pas moins à sa Cour. Je lui avais déja signifié que je ne pouvais m'établir auprès de lui, & que je devais préférer l'amitié à l'ambition; que j'étais attaché à Madame du Châtelet, & que philosophe pour philosophie, j'aimais mieux une Dame qu'un Roi; il approuvait cette liberté, quoiqu'il n'aimât pas les femmes.

J'allai lui faire ma cour au mois d'Octobre. Le Cardinal de Fleury m'écrivit une longue lettre pleine d'éloge pour l'anti-Machiavel & pour l'Auteur; je ne manquai pas de la lui montrer.

Il rassemblait déja ses troupes, sans qu'aucun de ses Généraux, ni de ses Ministres, pussent pénétrer son dessein. Le Marquis de Beauveau, envoyé auprès de lui pour le complimenter, croyait qu'il allait se déclarer contre la France, en faveur de Marie-Thérèse, Reine de Hongrie & de Boheme, fille de Charles VI, qu'il voulait appuyer l'élection à l'Empire de François de Lorraine, Grand-Duc de Toſcane, époux de cette Reine, qu'il pouvait y trouver de grands avantages.

Je devais croire plus que perſonne qu'en effet le nouveau Roi de Pruſſe allait prendre ce parti; car il m'avait envoyé trois mois auparavant un écrit politique de ſa façon, dans lequel il regardait la France comme l'ennemie naturelle & déprédatrice de l'Allemagne; mais il était dans ſa nature de faire toujours le contraire de ce qu'il diſait & de ce qu'il écrivait, non par diſſimulation, mais parce qu'il écrivait & parlait avec une eſpece d'enthouſiaſme, & agiſſait enſuite avec un autre.

Il partit au 15 Décembre avec la fievre-quarte, pour la conquête de la Siléſie, à la tête de trente mille combattans bien pourvus de tout & bien diſciplinés, & il dit au Marquis de Beauveau, en montant à cheval: „ Je vais „ jouer votre jeu, ſi les as me viennent, nous partagerons.

Il a écrit depuis l'histoire de cette conquête ; il me l'a montrée toute entiere ; voici un des articles curieux du début de ces annales : j'eus soin de le transcrire de préférence, comme un monument unique.

» Que l'on joigne à ces considérations » des troupes toujours prêtes à agir ; » mon épargne bien remplie, & la vi» vacité de mon caractere étaient les » raisons que j'avais de faire la guerre à » Marie-Thérèse, Reine de Boheme & » de Hongrie : « & quelques lignes ensuite il y avait ces propres mots : » L'ambition, l'intérêt & le desir de » faire parler de moi l'emporterent, & » la guerre fut résolue. «

Depuis qu'il y a des conquérans & des esprits ardens qui ont voulu l'être, je crois qu'il est le premier qui se soit ainsi rendu justice. Jamais homme, peut-être, n'a plus senti la raison, & n'a plus écouté ses passions : ces assemblages de philosophie & de déréglemens d'imagination ont toujours composé son caractere. C'est dommage que je lui ai fait retrancher ce passage quand je corrigeai depuis tous ces Ouvrages. Un aveu si rare devait passer à la postérité, & servir à faire voir sur quoi sont fondées presque toutes les guerres. Nous autres Gens de Lettres, Poëtes, Historiens, Déclamateurs d'Académie, nous célébrons ces beaux exploits, & voilà un Roi qui les fait, & qui les condamne.

Ses troupes étaient déja en Silésie, quand le Baron de Gotter, son Ministre à Vienne, fit à Marie-Thérese la proposition incivile de céder de bonne grace au Roi Electeur son maître, les trois quarts de cette Province, moyennant quoi le Roi de Prusse lui prêterait trois millions d'écus, & ferait son mari Empereur.

Marie-Thérèse n'avait alors ni troupes, ni argent, ni crédit, & cependant elle fut inflexible; elle aima mieux risquer de tout perdre, que de fléchir sous un Prince qu'elle ne regardait que comme le vassal de ses ancêtres, & à qui l'Empereur son pere avait sauvé la vie. Ses Généraux rassemblèrent à peine vingt mille hommes. Son Maréchal Neuperg, qui les commandait, força le Roi de Prusse de recevoir la bataille sous les murs de Neisse à Molwitz : la cavalerie Prussienne fut d'abord mise en déroute par la cavalerie Autrichienne ; & dès le premier choc, le Roi, qui n'était pas accoutumé à voir des batailles, s'enfuit jusqu'à Opeleim, à douze grandes lieues du champ où l'on se battait. Maupertuis, qui avait cru faire sa fortune, s'était mis à sa suite dans cette campagne, s'imaginant que le Roi lui fourniroit au moins un cheval ; ce n'était pas la coutume du Roi. Maupertuis acheta un âne deux ducats, le jour de l'action, & se mit à suivre Sa Majesté sur son âne du mieux qu'il pût ; sa monture ne pût lui fournir sa course ; il fut pris & dépouillé par les Hussards.

Fréderic passa la nuit couché sur un

grabât dans un cabaret de village ; près Ratibor, ſur les confins de la Pologne ; il était déſeſpéré, & ſe croyait réduit à traverſer la moitié de la Pologne pour rentrer dans le nord de ſes Etats, lorſqu'un de ſes chaſſeurs arriva du camp de Molwitz, & lui annonça qu'il avait gagné la bataille. Cette nouvelle lui fut confirmée un quart d'heure après par un Aide-de-Camp ; la nouvelle était vraie. Si la cavalerie Pruſſienne était mauvaiſe, l'Infanterie était la meilleure de l'Europe : elle avoit été diſciplinée pendant trente ans par le vieux Prince d'Anhalt. Le Maréchal de Schwerin, qui la commandait, était un élève de Charles XII ; il gagna la bataille ſi-tôt que le Roi de Pruſſe fut enfui. Le Monarque revint le lendemain, & le Général vainqueur fut à peu-près diſgracié.

Je retournai philoſopher dans la retraite de Cirey ; je paſſai les hivers à Paris, où j'avais une foule d'ennemis ; car m'étant aviſé d'écrire long-tems auparavant l'Hiſtoire de Charles XII, de donner plusieurs Pieces de Théâtre ; de faire même un Poëme Epique, j'avais, comme de raison, pour persécuteurs tous ceux qui se mê-laient de vers & de prose. Comme j'avais même poussé la hardiesse jusqu'à écrire sur la philosophie, il fallait bien que les gens qu'on appelle dévots, me traitassent d'athée, selon l'ancien usage. J'avais été le premier qui eût osé développer à ma nation les découvertes de Newton, en langage intelligible. Les préjugés Cartésiens qui avaient succédés en France aux préjugés Péri-Patéticiens, étaient alors tellement enracinés, que le Chancelier Daguesseau me regardait comme un homme ennemi de la raison & de l'Etat, quiconque adoptoit des découvertes faites en Angleterre ; il ne voulut jamais donner le privilege pour l'impression des Elémens de la Philosophie de Newton.

J'étais grand admirateur de Locke, je le regardais comme le seul Méthaphysicien raisonnable : je louai sur-tout cette retenue si nouvelle, si sage en même-temps, & si hardie, avec laquelle il dit que nous n'en savons jamais assez par les lumieres de notre raison, pour affirmer que Dieu ne peut accorder le don du sentiment & de la pensée à l'être appellé matiere. On ne peut concevoir avec quel acharnement, & avec quelle intrépidité d'ignorance on se déchaîna contre moi sur cet article. Le sentiment de Locke n'avait point fait de bruit en France, parce que les Docteurs lisaient Sts. Thomas & Quesnel, & le gros du monde lisait des Romans. Lorsque j'eus loué Locke, on cria contre lui & contre moi. Les pauvres gens qui s'emportaient dans cette dispute, ne savaient sûrement ni ce que c'est que la matiere, ni ce que c'est que l'esprit : le fait est que nous ne savons rien de nous-mêmes, que nous avons le mouvement, la vie, le sentiment & la pensée sans savoir comment; que les élémens de la matiere nous sont aussi inconnus que le reste ; que nous ſommes des aveugles qui marchons & raiſonnons à tâtons & que Locke a été très-ſage en avouant que ce n'eſt pas à nous à décider de tout ce que le Tout-Puiſſant ne peut pas faire.

Cela joint avec quelques ſuccès de mes Pieces de théâtre, m'attira une bibliotheque immenſe de brochures, dans leſquelles on prouvait que j'étais un mauvais Poëte, athée & fils d'un payſan.

On imprima l'hiſtoire de ma vie, dans laquelle on me donna cette belle généalogie. Un Allemand n'a pas manqué de ramaſſer tous les contes de cette eſpece, dont on avait farci les libelles qu'on imprimait contre moi : on m'imputait des avantures avec des perſonnes que je n'avais jamais connues, & avec d'autres qui n'avaient jamais exiſtées. Je trouve en écrivant ceci une lettre de M. le Maréchal de Richelieu, qui me donnait avis d'un gros libelle où il était prouvé que ſa femme m'avait donné un beau carroſſe, & quelqu'autre choſe, dans le temps qu'il n'avait point de femme. Je m'étais d'abord donné le plaisir de faire un recueil de ces calomnies, mais elles se multiplièrent au point que j'y renonçai.

C'était-là tout le fruit que j'avais tiré de mes travaux ; je m'en consolais aisément, tantôt à Cirey, & tantôt dans la bonne compagnie. Tandis que les excrémens de la littérature me faisait la guerre, la France la faisait à la Reine de Hongrie, & il faut avouer que cette guerre n'était pas plus juste ; car après avoir solemnellement stipulé, garanti, juré la pragmatique sanction de l'Empereur Charles VI, & la succession de Marie-Thérèse à l'héritage de son pere ; après avoir eu la Lorraine pour prix de ces promesses, il ne paraissait pas trop conforme au droit des gens de manquer à un tel engagement. On entraina le Cardinal de Fleury hors de ses mesures : il ne pouvait pas dire, comme le Roi de Prusse, que c'était la vivacité de son tempéramment qui lui faisait prendre les armes. Cet heureux prêtre régnait à l'âge de 86 ans, & tenait les rênes de l'Etat d'une main très-faible. On s'était uni avec le Roi de Prusse dans le tems qu'il prenait la Silésie. On avait envoyé en Allemagne deux armées pendant que Marie-Thérèse n'en avait point. L'une de ces armées avait pénétré jusqu'à cinq lieues de Vienne, sans trouver d'ennemis. On avait donné la Boheme à l'Electeur de Baviere, qui fut élu Empereur, après avoir été nommé Lieutenant Général des Armées du Roi de France; mais on fit bientôt toutes les fautes qu'il fallait pour tout perdre.

Le Roi de Prusse ayant pendant ce temps-là mûri son courage, & gagné des batailles, faisait la paix avec les Autrichiens. Marie lui abandonna, à son grand regret, le Comté de Glatz avec la Silésie, s'étant détaché de la France sans ménagement, à ces conditions. Au mois de Juin 1742 il me manda qu'il s'était mis dans les remedes, & qu'il conseillait aux autres malades de se rétablir.

Ce Prince se voyait alors au comble de sa puissance, ayant à ses ordres cent trente mille hommes de troupes victorieuses, dont il avoit formé la cavalerie, tirant de la Silésie le double de ce qu'elle avait produit à la Maison d'Autriche, affermi dans sa nouvelle conquête, & d'autant plus heureux, que toutes les autres Puissances souffraient. Les Princes se ruinent aujourd'hui par la guerre, il s'y était enrichi. Ses soins se tournèrent alors à embellir la ville de Berlin, à bâtir une des plus belles Salles d'Opéra qui soient en Europe, à faire venir des Artistes en tout genre, car il voulait aller à la gloire par tous les chemins, & au meilleur marché possible.

Son pere avait logé à Potzdam dans une vilaine maison, où il fit un palais; Potzdam devint une jolie ville, Berlin s'agrandissait; on commençait à y connaître les douceurs de la vie, que le feu

Roi avait très-négligées, quelques personnes avaient des meubles ; la plupart même portaient des chemises ; car sous le regne précédent on ne connaissait guère que des devans de chemises qu'on attachoit avec des cordons, & le Roi regnant n'avait pas été élevé autrement. Les choses changeaient à vue d'oeil ; Lacédemone devenait Athènes : des déserts furent défrichés ; cent trois villages furent formés des marais desséchés : il n'en faisait pas moins de la musique & des livres ; ainsi il ne fallait pas me savoir si mauvais gré de l'appeller le Salomon du nord : je lui donnai dans mes lettres ce sobriquet, qui lui demeura long-tems.

Le Cardinal de Fleury était mort le 29 Janvier 1743, âgé de 86 ans. Jamais personne n'était parvenue plus tard au Ministere, & jamais Ministre n'avait gardé sa place plus long-tems : il commença sa fortune à l'âge de 73 ans, par être Roi de France, & le fut jusqu'à sa mort sans contradiction ; affectant toujours la plus grande modestie, n'amassant aucun bien, n'ayant aucun faste, & se bornant uniquement à regner, il laissa la réputation d'un esprit fin & aimable, plutôt que d'un génie, & passa pour avoir mieux connu la Cour que l'Europe. Je l'avais beaucoup vu chez Madame la Maréchale de Villeroi, quand il n'était qu'ancien Evêque de la petite vilaine ville de Frejus, dont il s'était toujours intitulé » Evêque par » l'indignation divine, « comme on le voit dans quelques-unes de ses Lettres. La Maréchale était une très-laide femme qu'il avait répudiée le plutôt qu'il avait pu. Le Maréchal de Villeroi qui ne savait pas que l'Evêque avait été longtems l'amant de la Maréchale sa femme, le fit nommer par Louis XIV Précepteur de Louis XV ; de Précepteur il devint premier Ministre, & ne manqua pas de contribuer à l'exil du Maréchal son bienfaiteur ; c'était à l'ingratitude près un assez bon homme, mais comme il n'avait aucun talent, il écartait tous ceux qui en avaient dans quelque genre que ce pût être.

Plusieurs Académiciens voulurent que j'eusse sa place à l'Académie Française ; on demanda au souper du Roi qu'il prononcerait l'oraison funèbre du Cardinal à l'Académie ; le Roi répondit que ce serait moi : sa maîtresse, la Duchesse de Châteauroux le voulait ; mais le Comte de Maurepas, Secrétaire d'État, ne voulut point ; il avait la manie de se brouiller avec toutes les maîtresses de son maître, & il s'en est trouvé mal.

Un vieil imbécille, Précepteur du Dauphin, autrefois Théatin, & depuis Evêque de Mirepoix, nommé Boyer, se chargea par principe de conscience, de seconder le caprice de M. de Maurepas : ce Boyer avait la feuille des bénéfices, le Roi lui abandonnait toutes les affaires du Clergé ; il traita celle-ci comme un point de discipline ecclésiastique ; il représenta que c'était offenser Dieu, qu'un profane comme moi succédait à un Cardinal. Je savais que M. de Maurepas le faisait agir : j'allai trouver ce Ministre ; je lui dis : une place à l'Académie n'est pas une dignité bien importante ; mais après avoir été nommé, il est triste d'être exclu. Vous êtes brouillé avec Mad. de Châteauroux que le Roi aime, & avec M. le Duc de Richelieu qui la gouverne ; quel rapport y a-t-il, je vous prie, de vos brouilleries avec une pauvre place à l'Académie Française ? Je vous conjure de me répondre franchement : en cas que Mad. de Châteauroux l'emporte sur M. l'Evêque de Mirepoix, vous y opposerez-vous ? Il se recueillit un moment ; & me dit oui, & je vous écraserai : le Prêtre enfin l'emporta sur la maîtresse, & je n'eus point une place dont je ne me souciais guère. J'aime à me rappeller cette aventure, qui fait voir les petitesses de ceux qu'on appelle grands, & qui marque combien les bagatelles sont quelquefois importantes pour eux. Cependant les affaires publiques n'allaient pas mieux depuis la mort du Cardinal ; & dans ces deux dernières années, la Maison d'Autriche renaissait de sa cendre. La France était pressée par elle & par l'Angleterre ; il ne nous restait alors d'autre ressource que dans le Roi de Prusse, qui nous avait entraîné dans la guerre, & qui nous avait abandonné au besoin. On imagina de m'envoyer Secrétaire chez ce Monarque, pour sonder ses intentions, pour voir s'il ne serait pas d'humeur à prévenir les orages qui devaient tomber tôt ou tard de Vienne sur lui, après avoir tombé sur nous, & s'il ne voudrait pas nous prêter cent mille hommes dans l'occasion, pour mieux assurer la Silésie. Cette idée était tombée dans la tête de M. de Richelieu & de Mad. de Châteauroux ; le Roi l'adopta, & M. Amelot, Ministre des affaires étrangères, mais Ministre très-subalterne, fut chargé seulement de presser mon départ ; il fallait un prétexte, je pris celui de ma querelle avec l'ancien Evêque de Mirepoix, le Roi approuva cet expédient. J'écrivis au Roi de Prusse, que je ne pouvais plus tenir aux persécutions de ce Théatin, & que j'allais me réfugier auprès d'un Roi Philosophe, loin des tracasseries d'un bigot. Comme ce Prélat signait toujours ancien Evêque de Mirepoix, en abrégé, & que son écriture était assez incorrecte, on lisait l'âne de Mirepoix au lieu de l'ancien; ce fut un sujet de plaisanterie, & jamais négociation ne fut plus gaie.

Le Roi de Prusse qui n'y allait pas de main-morte quand il fallait frapper sur les Moines & sur les Prélats de Cour, me répondit avec un déluge de railleries sur l'âne de Mirepoix, & me pressa de venir. J'eus soin de faire lire mes lettres & mes réponses. L'Evêque en fut informé; il alla se plaindre à Louis XV de ce qu'on le faisait, disait-il, passer pour un sot dans les Cours étrangeres; le Roi lui répondit que c'était une chose convenue, & qu'il ne fallait pas qu'il y prit garde. Cette réponse du Roi, qui n'est guère dans son caractere, m'a toujours paru extraordinaire. J'avais le plaisir de me venger de l'Evêque qui m'avait exclu de l'Académie, celui de faire un voyage très-agréable, & celui d'être à portée de rendre service au Roi & à l'Etat. M. de Maurepas entrait même avec chaleur dans cette aventure, parce qu'alors il gouvernait M. Amelot, & qu'il croyait être le Ministre des affaires étrangères. Ce qu'il y a de plus singulier, c'est qu'il fallut mettre Madame du Châtelet de la confidence; elle ne voulait point, à quelque prix que ce fût, que je la quittasse pour le Roi de Prusse : elle ne trouvait rien de si lâche & de si abominable dans le monde, que de se séparer d'une femme pour aller chercher un Monarque; elle aurait fait un vacarme terrible, on convint pour l'appaiser qu'elle entrerait dans le mystere, & que les lettres passeraient par ses mains.

J'eus tout l'argent que je voulus pour mon voyage, sur les simples reçus de M. de Montmartel, & je n'en abusai pas.

Je m'arrêtai quelque temps en Hollande, pendant que le Roi de Prusse courait d'un bout à l'autre de ses Etats pour faire des troupes. Mon séjour à la Haye ne fut pas inutile, je logeais dans le Palais de la vieille Cour, qui appartenait au Roi de Prusse, par ses partages avec la Maison d'Orange. Son Envoyé, le jeune Comte de Podevik, amoureux & aimé de la femme d'un des principaux Membres de l'Etat, attrapait, par les bontés de cette Dame, des copies de toutes les résolutions secrettes de leurs Hautes-Puissances, très-mal intentionnées contre nous. J'envoyai ces copies à la Cour & mon service était très-agréable.

Quand j'arrivai à Berlin, le Roi me logea chez lui, comme il avait fait dans les précédens voyages. Il menait à Potzdam la vie qu'il avait toujours menée depuis son avénement au Trône. Cette vie mérite quelque petit détail. Il se levait à cinq heures du matin en été &

à six en hiver ; si vous voulez savoir les cérémonies royales de ce lever, quelles étaient les grandes & petites entrées, quelles étaient les fonctions de son grand Aumônier, de son grand Chambellan, de son premier Gentilhomme de la Chambre, de ses Huissiers, je vous répondrai qu'un laquais venait allumer son feu, l'habiller & le raser, encore s'habillait-il presque tout seul. Sa chambre était assez belle ; une riche balustrade d'argent, ornée de petits amours très-bien sculptés, semblait fermer une estrade d'un lit dont on voyait les rideaux, mais derriere les rideaux était au-lieu du lit une bibliothèque ; & quant au lit du Roi, c'était un grabat de sangle avec un matelat mince, caché par un paravant. Marc-Aurèle & Julien, ses deux Apôtres, & les plus grands hommes du stoïcisme, n'étaient pas plus mal couchés.

Quand Sa Majesté était habillée & bottée, le stoïque donnait quelques momens à la secte d'Epicure ; il faisait venir deux ou trois Favoris, soit Lieutenant de son Régiment, soit Page, soit Eunuque ou jeune Cadet; on prenait le Café; celui à qui on jettait le mouchoir restait demi-quart-d'heure tête à tête: les choses n'allaient pas jusqu'aux dernières extrémités, attendu que le Prince du vivant de son pere, avait été fort mal traité dans ses amours de passade, & non moins mal guéri. Il ne pouvait jouer le premier rôle, il fallait se contenter des seconds. Ces amusemens d'écoliers étant finis, les affaires d'Etat prenaient la place: son premier Ministre arrivait avec une grosse liasse de papiers sous le bras. Ce premier Ministre était un commis qui logeait au second étage de la maison de Fredersdoff; ce soldat devenu Valet-de-chambre & Favori, avait autrefois servi le Roi dans le Château de Custrin. Les Secrétaires d'Etat envoyaient toutes les dépêches au Commis du Roi, qui en apportait l'extrait; le Roi faisait mettre les réponses à la marge en deux mots. Toutes les affaires du Royaume s'expédiaient ainsi en une heure. Rarement les Secrétaires d'Etat, les Ministres l'abordaient ; il y en a même à qui il n'a jamais parlé. Le Roi son pere avait mis un tel ordre dans les Finances, tout s'exécutait si militairement, l'obéissance était si aveugle, que quatre cens lieues de pays étaient gouvernées comme une Abbaye.

Vers les onze heures, le Roi en bottes faisait dans son jardin la revue de son Régiment des Gardes, & à la même heure tous les Colonels en faisaient autant dans toutes les Provinces, dans l'intervalle de la parade & du diné. Les Princes ses Freres, les Officiers-Généraux, un ou deux Chambellans mangeaient à sa table, qui était aussi bonne qu'elle pouvait l'être dans un pays où il n'y a ni gibier ni viande de boucherie passable, ni une poularde, & où il faut tirer le froment de Magdebourg. Après le repas il se retirait seul dans son cabinet, & faisait des vers jusqu'à cinq à six heures; ensuite venait un jeune homme, nommé Darget, ci-devant Secrétaire de Valory, Envoyé de France, qui faisait la lecture : un petit concert commençait à sept heures, le Roi y jouait de la flûte aussi-bien que le meilleur Artiste ; les concertans exécutaient souvent de ses compositions, car il n'y avait aucun art qu'il ne cultivât, & il n'eût pas essuyé chez les Grecs la mortification qu'eut Epaminondas d'avouer qu'il ne savait pas la Musique.

On soupait dans une petite salle, dont le plus singulier ornement était un tableau dont il avait donné le dessein à Pene, son Peintre, l'un de nos meilleurs coloristes. C'était une belle Priapée ; on voyait de jeunes gens embrassant de jeunes femmes ; des Nymphes sous des satyres, des amours qui jouaient au jeu d'encolpes & des gitons ; quelques personnes qui se pâmaient en regardant ces combats ; des tourterelles qui se baisaient, des boucs sautans sur des chevres, & des beliers sur des brébis.

Les repas n'en étaient pas moins philosophiques. Un survenant qui nous aurait écouté, en voyant cette peinture, aurait cru entendre les sept Sages de la Grèce au b . . . . Jamais on ne parla, en aucun lieu du monde, avec tant de liberté, de toutes les superstitions des hommes, & jamais elles ne furent traitées avec plus de plaisanterie & de mépris. Dieu était respecté; mais tous ceux qui avaient trompé les hommes en son nom n'étaient pas épargnés. Il n'entrait jamais dans le Palais ni femmes ni prêtres; en un mot Fréderic vivait sans Cour, sans Conseil & sans culte.

Quelques Juges de Province voulurent faire brûler, je ne sais quel pauvre paysan, accusé par un Prêtre d'une intrigue galante avec son ânesse : on n'exécutait personne sans que le Roi n'eût confirmé la Sentence, loi très-humaine, qui se pratique en Angleterre & dans d'autres pays : Frédéric écrivit au bas de la Sentence, qu'il donnait dans ses Etats liberté de conscience & de f. . . . .

Un Prêtre d'auprès de Stetin, très-scandalisé de cette indulgence, glissa dans un sermon sur Hérode quelques traits qui pouvaient regarder le Roi son maître ; il fit venir ce Ministre de village à Potzdam, en le citant au consistoire : quoiqu'il n'y eût à la Cour pas plus de consistoire que de messe. Le pauvre homme fut amené ; le Roi prit une robe & un rabat de Prédicant ; d'Argens, l'Auteur des Lettres Juives, & un Baron de Polnik, qui avait changé trois ou quatre fois de religion, se revêtirent du même habit : on mit un tome du Dictionnaire de Bayle sur une table en guise d'Evangile, & le coupable fut introduit par deux Grenadiers devant ces trois Ministres du Seigneur. Mon frere, lui dit le Roi, je vous demande au nom de Dieu sur quel Hérode vous avez prêché ? Sur Hérode qui fit tuer tous les petits enfans, lui dit le bon homme : je vous demande, ajouta le Roi, si c'était Hérode du premier du nom, car vous devez savoir qu'il y en a eu plusieurs ? Le Prêtre de village ne sut que répondre. Comment, dit le Roi, vous osez prêcher sur un Hérode, & vous ignorez quelle était sa famille ? Vous êtes indigne du saint Ministere : nous vous pardonnons cette fois; mais sachez que nous vous excommunierons, si jamais vous prêchez contre quelqu'un sans le connaître. Alors on lui délivra sa sentence & son pardon; on signa trois noms ridicules, inventés à plaisir. Nous allons demain à Berlin, ajouta le Roi, nous demanderons grace pour vous à nos freres, ne manquez pas de nous venir parler. Le Prêtre alla dans Berlin chercher les trois Ministres, on se moqua de lui; & le Roi, qui étoit plus plaisant que libéral, ne se soucia pas de payer son voyage. Fréderic gouvernait l'Eglise aussi despotiquement que l'Etat; c'était lui qui prononçait les divorces quand un mari & une femme voulaient se marier ailleurs.

Un Ministre lui cita un jour l'ancien Testament au sujet d'un de ces divorces : Moïse, lui dit le Roi, menait les Juifs comme il voulait, moi je gouverne mes Prussiens comme je l'entends.

Ce gouvernement singulier, les mœurs encore plus étranges, ce contraste de stoïcisme & d'épicurisme, de sévérité dans la discipline militaire, & de la mollesse dans l'intérieur du palais, des Pages avec lesquels on s'amusait dans son cabinet, & des Soldats qu'on faisait passer trente-six fois par les baguettes sous les fenêtres du Monarque, qui les regardait ; des discours de morale & une licence effrénée, tout cela composait un tableau bizarre, que peu de personnes connaissaient alors, & qui a depuis percé dans l'Europe.

La plus grande économie présidait à Potzdam à tous ses goûts ; sa table & celle de ses Officiers & de ses Domestiques étaient reglées à trente-trois écus par jour, indépendamment du vin ; & au lieu que chez les autres Rois ce sont des Officiers de la Couronne qui se mêlent de cette dépense, c'était son Valet-de-chambre Fredersdoff, qui était à-la-fois son grand Maître-d'Hôtel, son grand Echanson, & son grand Pannetier.

Soit économie, soit politique, il n'accordait pas la moindre grace à ses anciens favoris, & sur-tout à ceux qui avaient risqué leur vie pour lui quand il était Prince Royal; il ne payait pas même l'argent qu'il avait emprunté alors; & comme Louis XV ne vengeait pas les injures du Duc d'Orléans, le Roi de Prusse oubliait les dettes du Prince Royal.

Cette pauvre maitresse qui avait été fouettée pour lui, par la main du bourreau, était alors mariée à Berlin, au commis du bureau des fiacres, car il y avait 18 fiacres dans Berlin, & son amant lui faisait une pension de 70 écus, qui lui a toujours été bien payée. Elle s'appellait Mad. Shommers, grande femme maigre qui ressemblait à une Sybille, & n'avait nullement l'air d'avoir mérité d'être fouettée pour un

Prince. Cependant quand il allait à Berlin il y étalait une grande magnificence ; dans les jours d'appareil, c'était un très-beau spectacle pour les hommes vains, c'est-à-dire, pour presque tout le monde, de le voir à table, entouré de vingt Princes de l'Empire, servi dans la plus belle vaisselle d'or de l'Europe, & 32 Pages, & autant de jeunes Eduques, superbement parés, portant de grands plats d'or massif. Les grands Officiers paraissaient alors, mais hors de-là on ne les connaissait point. On allait après-diné à l'Opéra dans cette grande salle de trois cens pieds de long, qu'un de ses chambellans, nommé Knobenrof, avait bâtie sans architecte ; les plus belles voix, les meilleurs danseurs étaient à ses gages. La Barbarini dansait alors sur son théâtre ; c'est elle qui depuis épousa le fils de son Chancelier. Le Roi avait fait enlever à Venise cette danseuse par des soldats qui l'amenèrent par Vienne même jusqu'à Berlin. Il en était un peu moureux, parce qu' elle avait les jambes d'un homme. Ce qui était incompréhensible, c'est qu'il lui donnait 32 mille livres d'appointemens. Son Poëte Italien, à qui il faisait mettre en vers les Opéras, dont lui-même faisait toujours le plan, n'avait que douze cens livres de gages; mais aussi il faut considérer qu'il était fort laid, & qu'il ne dansait pas. En un mot, la Barbarini touchait à elle seule plus que trois Ministres d'Etat ensemble. Pour le Poëte Italien il se payat un jour par sa main; il décousit dans une chapelle du premier Roi de Prusse des vieux galons d'or dont elle était ornée. Le Roi qui jamais ne fréquenta de Chapelle, dit qu'il ne perdait rien; d'ailleurs il venait d'écrire une dissertation en faveur des voleurs, qui est imprimée dans les recueils de son Académie; & ne jugea pas à propos, cette fois-là, de détruire ses écrits par les faits. Cette indulgence ne s'étendait pas sur le militaire. Il y avait dans les prisons de Spandau un vieux Gentilhomme de Franche-Comté, haut de six pieds, que le feu

Roi avait fait enlever pour sa belle taille ; on lui avait promis une place de chambellan, & on lui en donna une de soldat. Ce pauvre homme déserta bientôt avec quelques-uns de ses camarades ; il fut saisi & ramené devant le feu Roi, auquel il eut la naïveté de dire qu'il ne se repentait que de n'avoir pas tué un tyran comme lui ; on lui coupa, pour réponse, le nez & les oreilles, il passa par les baguettes trente-six fois, après quoi il alla traîner la brouette à Spandan. Il la traînait encore quand M. de Valori, notre Envoyé, me pressa de demander sa grace au très-clément fils du très-dur Fréderic-Guillaume.

Sa Majesté se plaisait à dire que c'était pour moi qu'il faisait jouer *La clementa di Tito*, Opéra plein de beauté du célèbre Métastasio, mis en musique par le Roi lui-même, aidé de son compositeur. Je pris mon tems pour recommander à ses bontés ce pauvre Franc-Comtois, sans oreilles & sans nez, je lui détachai cette semonce.

Génie universel, ame sensible & ferme ;
Quoi ! lorsque vous regnez, il est des malheureux.
Aux tourmens d'un coupable, ah ! daignez mettre un terme,
En n'en mettre jamais à vos soins généreux.
Voyez autour de vous les prieres tremblantes,
Filles du repentir, maîtresse des grands cœurs
S'étonner d'arroser de larmes impuissantes
Les mains que de la terre ont dû sécher les pleurs.
Ah ! pourquoi m'étaler avec magnificence
Ce spectacle brillant, où triomphe Titus ?
Pour achever la fête, égalez sa clémence,
Et l'imitez en tout, ou ne se vantez plus.

La requête était un peu forte, mais on a le privilege de dire ce qu'on veut en vers. Le Roi promit quelques adoucissemens, & même plusieurs mois après il eut la bonté de mettre le Gentilhomme, dont il s'agissait, à l'hôpital à six sous par jour : il avait refusé cette grace à la Reine sa mere, qui apparemment ne l'avait demandée qu'en prose.

Au milieu des fêtes, des Opéras, des soupers, ma négociation secrette avançait : le Roi trouvait bon que je lui parlasse de tout, & j'entre-mêlai souvent des questions sur la France & sur l'Autriche, à propos de l'Enéide & de Tite-Live ; la conversation s'animait quelquefois, le Roi s'échauffait & me disait que tant que notre Cour frapperait à toutes les portes pour obtenir la paix, il ne s'aviserait pas de se battre pour elle. Je lui envoyais de ma chambre à son appartement mes réflexions sur un papier à mi-marge ; il répondait sur une colonne à mes hardiesses ; j'ai encore ce papier où je lui disais : doutez-vous que la Maison d'Autriche ne vous demande la Silésie à la premiere occasion ? Voici la réponse en marge,

> Ils seront reçus biribi,
> A la façon de Barbari, mon ami.

Cette négociation, d'une espece nouvelle, finit par un discours qu'il me tint dans un de ses mouvemens de vivacité contre le Roi d'Angleterre, son cher oncle. Ces deux Rois ne s'aimaient pas; celui de Prusse, disait George, est l'oncle de Fréderic, mais George ne l'est pas du Roi de Prusse; enfin il me dit que la France déclare la guerre à l'Angleterre, & je marche. Je n'en voulais pas davantage, je retournai, dis-je, à la Cour de France; je rendis compte de mon voyage; je donnai au Ministère Français l'espérance qu'on m'avait donnée à Berlin, elle ne fut point trompeuse; & le printemps suivant le Roi de Prusse fit en effet un nouveau traité avec le Roi de France; il s'avança en Boheme avec cent mille hommes, tandis que les Autrichiens étaient en Alsace. Si j'avais conté à un bon Parisien mon aventure & le service que j'avais rendu, il n'eût pas douté que je ne fusse promu à quelque bon poste. Voici quelle fut ma récompense. La Duchesse de Châteauroux fut fâchée que la négociation n'eût pas passée immédiatement par elle; il lui avait pris envie de chasser M. Amelot, parce qu'il était begue, & que ce petit défaut lui déplaisait, elle haïssoit de plus cet Amelot, parce qu'il était gouverné par M. de Maurepas. Il fut renvoyé au bout de huit jours, & je fus enveloppé dans sa disgrace. Il arriva quelque temps après que Louis XV fut malade à l'extrêmité dans la ville de Metz. M. de Maurepas & sa cabale prirent ce tems pour perdre Mad. de Châteauroux. L'Évêque de Soissons, Fitz-James, fils du bâtard de Jacques II, regardé comme un Saint, voulut en qualité de premier Aumônier, convertir le Roi, & lui déclara qu'il ne lui donnerait ni absolution ni communion, s'il ne chassait sa maitresse & sa sœur la Duchesse de Lauragais, & leurs amies. Les deux sœurs partirent chargées de l'exécration du peuple de Metz. Ce fut pour cette action que le peuple de Paris, aussi sot que celui de Metz, donna à Louis XV le surnom de Bien-aimé. Un poliçon, nommé Vadé, imagina ce titre que les

Almanachs prodiguèrent quand ce Prince se porta bien : il ne voulut être que le bien-aimé de sa maitresse ; ils s'aimèrent plus qu'auparavant ; elle devait rentrer dans son ministère ; elle allait partir de Versailles quand elle mourut subitement des suites de la rage que sa démission lui avait causée ; elle fut bientôt oubliée.

Il fallait une maitresse. Le choix tomba sur la demoiselle Poisson, fille d'une femme entretenue & d'un paysan de la Ferté-sous-Jouare, qui avait amassé quelque chose à vendre du bled aux entrepreneurs des vivres. Ce pauvre homme était alors en fuite, condamné pour quelque malversation ; on avait marié sa fille au sous-fermier le Normand, Seigneur d'Etiole, neveu du Fermier-Général le Normand de Tourneham, qui entretenait la mere. La fille était bien élevée, sage, aimable, remplie de graces & de talens, née avec du bon sens & un bon coeur ; je la connaissais assez, je fus même le confident de son amour ; elle m'avouait qu'elle avait toujours eu un secret pressentiment qu'elle serait aimée du Roi, & qu'elle s'était sentie une violente inclination pour lui, sans la trop demêler; cette idée qui aurait pu paraître chimérique dans sa situation, était fondée sur ce qu'on l'avait souvent menée aux chasses que faisait le Roi dans la forêt de Sennat. Tourneham, l'amant de sa mere, avait une maison de campagne dans le voisinage; on promenait Mad. d'Etiole dans une jolie caleche; le Roi la remarquait, & lui envoyait souvent des chevreuils; la mere ne cessait de lui dire qu'elle était plus jolie que Mad. de Châteauroux, & le bonhomme Tourneham s'écriait souvent, il faut avouer que la fille de Mad. Poisson est un morceau de Roi; enfin, quand elle eut tenu le Roi entre ses bras, elle me dit qu'elle croyait fermement à la destinée, & elle avait raison. Je passai quelques mois avec elle à Etiole, pendant que le Roi faisait la campagne de 1746.

Cela me valut des récompenses qu'on

n'avait jamais données ni à mes ouvrages ni à mes services. Je fus jugé digne d'être l'un des quarante Membres inutiles de l'Académie ! je fus nommé Historiographe de France, & le Roi me fit présent d'une charge de Gentilhomme ordinaire de sa chambre ; je conclus que pour faire la plus petite fortune, il valait mieux dire quatre mots à la maitresse d'un Roi, que d'écrire cent volumes. Dès que j'eus l'air d'un homme heureux, tous mes confreres, les beaux-esprits de Paris se déchaînèrent contre moi avec toute l'animosité & l'acharnement qu'ils devaient avoir contre quelqu'un à qui on donnait toutes les récompenses qu'il méritait.

J'étais toujours lié avec la Marquise du Châtelet par l'amitié la plus inaltérable, & par le goût de l'étude ; nous demeurions ensemble à Paris & à la campagne. Cirey est sur les confins de la Lorraine. Le roi Stanislas tenait alors sa petite & agréable Cour à Luneville : tout vieux & dévot qu'il était, il avait pour amie une femme qui ne l'était guère ; c'était Mad. la Marq. de Bouflers ; il partageait son ame entre elle & un Jésuite nommé Menou, le plus intriguant & le plus hardi Prêtre que j'aie jamais connu. Cet homme avait attrapé au Roi Stanislas, par les importunités de sa femme, qu'il avait gouvernée, environ un million, dont partie fut employée à bâtir une magnifique maison pour lui & pour quelques Jésuites de la ville de Nanci ; cette maison étoit dotée de 24 mille liv. de rente, dont douze pour la table de Menou, & douze pour donner à qui il voudrait. La maitresse [1] n'était pas à beaucoup près si

[1] Otez le mot de Maîtresse, ce qui est très-faux, mettez Amie. Madame de Bouflers était une amie très-désintéressée ; elle ne s'est presque jamais servie de son crédit que pour servir ses amis ; & cette expression de quoi avoir des jupes, n'est point du tout convenable.

bien traitée ; elle retirait à peine du Roi de Pologne de quoi avoir des jupes ; & cependant le Jésuite enviait sa portion, & était furieusement jaloux de la Marquise ; ils étaient ouvertement brouillés [1]. Le pauvre Roi avait tous les jours bien de la peine, au sortir de la messe, à rapatrier sa maîtresse & son confesseur. Enfin notre Jésuite ayant entendu parler de Mad. du Châtelet, qui était très-bien faite, & encore assez belle, imagina de la substituer à Mad. de Bouflers.

---

[1] Madame de Bouflers n'a jamais été brouillée avec le Pere de Menou, qui, tout intriguant qu'il était, n'a jamais imaginé de donner Mad. du Châtelet pour Maîtresse. Cette Dame & Monsieur de Voltaire ne sont jamais venus à Luneville, qu'invités par Madame de Bouflers qu'ils voyaient beaucoup à Paris, & qu'ils trouvaient fort aimable ; ils n'ont jamais fait le voyage pour le Roi de Pologne. Si Menou proposa à Voltaire & à Madame du Châtelet de venir

Stanislas se mêlait quelquefois de faire d'assez mauvais petits ouvrages ; Menou crut qu'une femme auteur réussirait mieux qu'un autre, auprès de lui ; & le voilà qu'il vient à Cirey pour ourdir cette belle trame ; il cajole Mad. du Châtelet, & nous dit que le Roi Stanislas sera enchanté de nous voir ; il retourne dire au Roi que nous brûlons d'envie de venir lui faire notre cour. Stanislas recommande à Mad. de Bouflers de nous amener. En effet nous allâmes passer à Luneville toute l'année 1749. Il arriva tout le contraire de ce que voulait le revérend Pere ; nous nous attachâmes à Mad. de Bouflers, & ce Jésuite eut deux femmes à combattre.

La vie de la Cour de Lorraine était assez agréable, quoiqu'il y eût, comme ailleurs,

---

à Luneville, ce fut lorsqu'il fut informé qu'ils devaient y venir, & pour s'en faire un mérite auprès du Roi. Ces deux notes sont de Monsieur le Marquis de Saint-Lambert.

des intrigues & des tracasseries. Poncet, Evêque de Troyes, perdu de dettes & de réputation, ainsi que de probité, voulut sur la fin de l'année augmenter notre cour & nos tracasseries ; quand je dis qu'il était perdu de réputation, entendez aussi la réputation de ses oraisons funèbres & de ses sermons ; il obtint par nos Dames d'être premier Aumônier du Roi, qui fut flatté d'avoir un Evêque à ses gages, & de très-petits gages. Cet Evêque ne vint qu'en 1750, & débuta d'abord par intriguer contre Mad. de Bouflers, sa bienfaictrice, & fut chassé. Sa colere retomba sur Louis XV, gendre de Stanislas ; car étant retourné à Troyes, il voulut jouer un rôle dans la ridicule affaire des billets de confession, inventés par l'Archevêque de Paris, Beaumont : il tint tête au Parlement, il brava le Roi ; ce n'était pas là le moyen de payer ses dettes, mais c'était celui de se faire enfermer. Le Roi de France l'envoya prisonnier en Alsace, dans un couvent de gros Moines Allemands ; mais il faut revenir à ce qui me touche.

Madame du Châtelet mourut dans le Palais de Stanislas, après deux jours de maladie. Nous étions tous si troublés, que personne de nous ne songea à faire venir ni Curé, ni Jésuite, ni sacremens ; elle n'eut point les horreurs de la mort, il n'y eut que nous qui les sentîmes. Je fus saisi de la plus douloureuse affliction. Le bon Roi Stanislas vint dans ma chambre me consoler, & pleurer avec moi ; (peu de ses confreres en font autant en de pareilles occasions.) il voulut me retenir ; je ne pouvais plus supporter Luneville, & je retournai à Paris.

Ma destinée était de courir de Roi en Roi, quoique j'aimasse ma liberté avec idolâtrie. Le Roi de Prusse à qui j'avais souvent signifié que je ne quitterais jamais Mad. du Châtelet pour lui, voulut m'attrapper quand il fut défait de sa rivale ; il jouissait alors d'une paix qu'il s'était acquise par des victoires, & son loisir

était

était toujours employé à faire des vers, & à écrire l'histoire de son pays & de ses campagnes ; il était bien sûr, à la vérité, que ses vers & sa prose étaient fort au-dessus de ma prose & de mes vers, quant au fond des choses ; mais il croyait que pour la forme je pouvais, en qualité d'Académicien, donner quelque tournure à ses écrits ; il n'y eut point de séduction flatteuse qu'il n'employât pour me faire venir.

Le moyen de résister à un Roi victorieux, Musicien, Poëte & Philosophe, & qui faisait semblant de m'aimer. Je crus que je l'aimais ; enfin je repris encore le chemin de Potzdam au mois de Juin 1750. Astolphe ne fut pas mieux reçu dans le palais d'Alcine. Etre logé dans l'appartement qu'avait eu le Maréchal de Saxe, avoir à ma disposition des cuisiniers du Roi, quand je voulais manger chez moi ; & les cochers, quand je voulais me promener, c'étaient les moindres faveurs qu'on me faisait. Les soupers étaient très-agréables : je ne sais si je ne me trompe, il me semble qu'il y avait bien de l'esprit ; le Roi en avait & en faisait avoir ; & ce qu'il y a de plus extraordinaire, c'est que je n'ai jamais fait de repas si libre. Je travaillais deux heures par jour avec Sa Majesté ; je corrigeais tous ses ouvrages, ne manquant jamais de louer beaucoup ce qu'il y avait de bon : lorsque je raturais tout ce qui ne valait rien, je lui rendais raison de tout ; ce qui composa une rhétorique & une poëtique à son usage, il en profita, & son génie le servit encore mieux que mes leçons. Je n'avais nulle cour à faire, nulle visite à rendre, nul devoir à remplir ; je m'étais fait une vie libre, & je ne concevais rien de plus agréable que cet état.

Alcine-Fréderic qui me voyait déja la tête un peu tournée, redoubla ses potions enchantées pour m'enyvrer tout-à-fait. La derniere séduction fut une lettre qu'il m'écrivit de son appartement au mien. Une maitresse ne s'explique pas plus tendrement : il s'efforçait de dissiper dans cette lettre la crainte que m'inspirait son rang & son caractere : elle portait ces mots singuliers.

„ Comment pourrais-je jamais causer l'infortune d'un homme que j'estime, que j'aime & qui me sacrifie sa patrie, & tout ce que l'humanité a de plus cher... Je vous respecte comme mon maître en éloquence, je vous aime comme un ami vertueux. Quel esclavage, quel malheur, quel changement y a-t-il à craindre dans un pays où l'on vous estime autant que dans votre Patrie, & chez un ami qui a un cœur reconnaissant? J'ai respecté l'amitié qui vous liait à Mad. du Châtelet, mais après elle j'étais un de vos plus anciens amis. Je vous promets que vous serez heureux ici autant que je vivrai".

Voilà une lettre telle que peu des Majestés en écrivent, ce fut le dernier verre qui m'enyvra. Les protestations de bouche furent encore plus fortes que celles par écrit. Il était accoutumé à des démonstrations de tendresse singuliere avec des favoris plus jeunes que moi ; & oubliant un moment que je n'étais pas de leur âge, & que je n'avais pas la main belle, il me la prit pour la baiser, je lui baisai la sienne, & je me fis son esclave. Il fallait une permission du Roi de France pour appartenir à deux maîtres ; le Roi de Prusse se chargea de tout, & écrivit pour me demander au Roi mon maître. Je n'imaginais pas qu'on fut choqué à Versailles qu'un Gentilhomme ordinaire de la Chambre, qui est une espèce la plus inutile de la Cour, devint un inutile Chambellan à Berlin. On me donna toute permission, mais on fut très-piqué, & on ne me le pardonna point. Je déplus fort au Roi de France, sans plaire davantage à celui de Prusse, qui se moquait de moi dans le fond de son cœur.

Me voilà donc avec une clef d'argent doré, pendue à mon habit, une croix au cou, & vingt mille francs de pension. Maupertuis en fut malade, & je ne m'en apperçus pas. Il y avait alors un Médecin à

Berlin, nommé la Metrie, le plus franc athée de toutes les Facultés de Médecine de l'Europe, homme d'ailleurs gai, plaisant, étourdi, tout aussi instruit de la théorie qu'aucun de ses confreres, & sans contredit le plus mauvais Médecin de la terre dans la pratique, aussi ne pratiquait-il point; il s'était moqué de toute la Faculté de Paris, & avait même écrit contre les Médecins beaucoup de personnalités qu'ils ne pardonnent point; ils obtinrent contre lui un décret de prise de corps. La Métrie s'était donc retiré à Berlin, où il amusait assez par sa gaieté, écrivant d'ailleurs, & faisant imprimer tout ce qu'on peut imaginer de plus effronté sur la morale. Ses livres plurent au Roi, qui le fit non pas son Médecin, mais son lecteur.

Un jour après la lecture, la Métrie qui disait au Roi tout ce qui lui venait dans la tête, lui dit qu'on était bien jaloux de ma faveur & de ma fortune : laissez faire, lui dit le Roi, on presse l'orange, & on la jette quand on a avalé le jus. La Métrie ne manqua pas de me rendre ce bel apophthegme, digne de Denis de Syracuse. Je résolus dès-lors d'assurer les pelures des oranges. J'avais environ trois cens mille liv. à placer : je me gardai bien de mettre ces fonds dans les Etats de mon Alcine ; je les plaçai avantageusement sur les terres que le Duc de Wurtemberg possede en France. Le Roi qui ouvrait toutes mes lettres se douta bien que je ne prétendais pas rester auprès de lui ; cependant la fureur de faire des vers le possédait comme Denis ; il fallait que je rabotasse continuellement, & que je revisse encore son Histoire de Brandebourg, & tout ce qu'il composait. La Métrie mourut pour avoir mangé chez Milord Tirconel, Envoyé de France, un pâté farci de truffes, après un très-long diné. On prétendit qu'il s'était confessé avant de mourir : le Roi en fut indigné ; il s'informa exactement si la chose était vraie, on l'assura que c'était une calomnie atroce, & que la Métrie était mort comme il avait vécu, en reniant Dieu &

les Médecins. Sa Majesté satisfaite, composa sur-le-champ son oraison funebre, qu'il fit lire en son nom, à l'Assemblée publique de l'Académie, par Darget son Secrétaire, & il donna 600 liv. de pension à une fille de joie que la Métrie avait amenée de Paris, quand il avait abandonné sa femme & ses enfans. Maupertuis qui savait l'anecdote de l'écorce d'orange, prit son temps pour répandre le bruit que j'avais dit que la charge d'athée du Roi était vacante. Cette calomnie ne réussit pas, mais il ajouta ensuite que je trouvais les vers du Roi mauvais, & cela réussit.

Je m'apperçus que depuis ce tems-là les soupers du Roi n'étaient plus si gais : on me donnait moins de vers à corriger, ma disgrace était complette.

Algaroti, Darget & un autre Français, nommé Chasol, qui était un de ses meilleurs Officiers, le quittèrent tous à la fois ; je me disposais à en faire autant, mais je voulus auparavant me donner le plaisir de me moquer d'un livre que Maupertuis venait d'imprimer : l'occasion était belle ; on n'avait jamais rien écrit de si ridicule & de si fou. Le bon homme proposait sérieusement de faire un voyage droit aux deux pôles, de disséquer des têtes de géans, pour connaître la nature de l'ame par leurs cervelles ; de bâtir une ville où l'on ne parlerait que latin ; de creuser un trou jusqu'au noyau de la terre ; de guérir les maladies, en enduisant les malades des poix résine ; & enfin de prédire l'avenir en exaltant son ame. Le Roi rit du livre ; j'en ris, tout le monde en rit. Mais il se passait alors une scène plus sérieuse à propos de je ne sais quelle fadaise de Mathématique, que Maupertuis voulait ériger en découverte. Un Géometre plus savant, nommé Koenig, Bibliothécaire de la Princesse d'Orange, à la Haye, lui fit appercevoir qu'il se trompait, & que Léibnitz, qui avait autrefois examiné cette vieille idée, en avait démontré la fausseté dans plusieurs de ses lettres, dont il montra des copies.

Maupertuis, Président de l'Académie de

Berlin, indigné qu'un aſſocié étranger lui prouvât ſes bévues, perſuada d'abord au Roi que Kœnig, en qualité d'homme établi en Hollande, était ſon ennemi, & avait dit beaucoup de mal de la proſe & de la poéſie de Sa Majeſté, à la Princeſſe d'Orange.

Cette premiere précaution priſe, il apoſta quelques pauvres penſionnaires de l'Académie, qui dépendaient de lui, & fit condamner Kœnig, comme fauſſaire, à être rayé du nombre des Académiciens. Le Géomètre de Hollande avait pris les devans, & avait renvoyé ſa patente de la dignité d'Académicien de Berlin.

Tous les Gens de Lettres de l'Europe furent auſſi indignés des manœuvres de Maupertuis, qu'ennuyé de ſon livre : il obtint la haine & le mépris de ceux qui ſe piquaient de Philoſophie, de ceux qui n'y entendaient rien. On ſe contentait à Berlin de lever les épaules, car le Roi ayant pris parti dans cette malheureuſe affaire, perſonne n'oſait parler : je fus le ſeul qui élevai la voix ; Kœnig était mon ami : j'avais à la fois le plaiſir de défendre la liberté des Gens de Lettres avec la cauſe d'un ami, & celui de mortifier un ennemi, qui était autant l'ennemi de la modeſtie que le mien. Je n'avais nul deſſein de reſter à Berlin : j'ai toujours préféré la liberté à tout le reſte : peu de Gens de Lettres en uſent ainſi : la plupart ſont pauvres : la pauvreté énerve le courage, & tout Philoſophe à la Cour devient auſſi eſclave que le premier Officier de la Couronne. Je ſentis combien une liberté devait plaire à un Roi plus abſolu que le grand Turc. C'était un plaiſant Roi dans l'intérieur de ſa maiſon, il le faut avouer : il protégeait Maupertuis, & ſe moquait de lui plus que perſonne ; il ſe mit à écrire contre lui, & m'envoya ſon manuſcrit dans ma chambre, par un Miniſtre de ſes plaiſirs ſecrets, nommé Marviz : il tourna beaucoup en ridicule le trou au centre de la terre, la méthode de guérir avec un enduit de poix réſine, le voyage au pôle auſtral, la ville latine & la lâcheté de son Académie, qui avait souffert la tyrannie exercée sur le pauvre Kœnig; mais comme sa devise était : *Point de bruit si je ne le fais*, il fit brûler tout ce qu'on avait écrit sur cette matiere, excepté son ouvrage.

Je lui renvoyai son ordre, sa clef de Chambellan & sa pension; il fit alors tout ce qu'il put pour me garder, & moi tout ce que je pus pour le quitter; il me rendit sa croix & sa clef, & voulut que je soupasse avec lui. Je fis donc encore un souper de Damoclès, après quoi je partis avec promesse de revenir, & avec le ferme dessein de ne le revoir de ma vie. Ainsi nous fûmes quatre qui nous échappâmes en peu de tems, Chasot, Darget, Algaroti & moi. Il n'y avait pas en effet moyen d'y tenir; on sait bien qu'il faut souffrir auprès des Rois; mais Fréderic abusait un peu trop de sa prérogative. La Société a ses loix, à moins que ce ne soit la société du lion & de la chêvre. Frederic manquait toujours à la premiere loi de la société, de ne rien dire de désobligeant à personne. Il demandait souvent à son Chambellan Polnik, s'il ne changerait pas volontiers de religion pour la quatrieme fois ; & il offrait de payer cent écus comptant pour sa conversion. Eh ; mon Dieu, mon cher Polnik, lui disoit-il, j'ai oublié le nom de cet homme que vous volâtes à la Haye, en lui vendant de l'argent faux pour du fin ; aidez un peu ma mémoire, je vous prie. Il traitait à peu-près de même le pauvre d'Argens. Cependant ces deux victimes restèrent. Polnik ayant mangé tout son bien, était obligé d'avaler des couleuvres pour vivre, & n'avait pas d'autre pain ; & d'Argens n'avait pour tout bien dans le monde que ses Lettres Juives & sa femme, nommée Cochois, Comédienne de Province, si laide qu'elle ne pouvait rien gagner à aucun métier, quoiqu'elle en fit plusieurs. Pour Maupertuis qui avait été assez mal avisé pour placer son bien à Berlin, ne songeant pas qu'il vaut mieux avoir cents pistoles dans un pays libre, que mille dans un pays despotique, il fallait bien qu'il restât dans les fers qu'il s'était forgés.

En sortant de mon palais d'Alcine, j'allai passer un mois auprès de Mad.^e la Duchesse de Saxe-Gotha, la meilleure Princesse de la terre, la plus douce, la plus sage, la plus égale, & qui Dieu merci ne faisait point de vers; de-là je fus quelques jours à la maison de campagne du Landgrave de Hesse, qui était beaucoup plus éloigné de la Poésie que la Princesse de Gotha. Je respirai, je continuai doucement mon chemin par Francfort; c'était là que m'attendait une très-bizarre destinée. Je tombai malade à Francfort; une de mes nièces, veuve d'un Capitaine au Régiment de Champagne, femme très-aimable, remplie de talens, & qui de plus, était regardée à Paris comme bonne compagnie, eut le courage de quitter Paris pour venir me trouver sur le Mein; mais elle me trouva prisonnier de guerre.

Voici comme cette belle aventure s'était passée. Il y avait à Francfore un nommé

Freitag, banni de Dresde, après avoir été mis au carcan, & condamné à la brouette, devenu depuis, dans Francfort, agent du Roi de Prusse, qui se servait volontiers de tels Ministres, parce qu'ils n'avaient de gages que ce qu'ils pouvaient attraper aux passans. Cet Ambassadeur, & un Marchand nommé Schmitt, condamné ci-devant à l'amende pour fausse-monnoie, me signifièrent de la part de Sa Majesté le Roi de Prusse, que je n'eusse à ne point sortir de Francfort, jusqu'à ce que j'eusse rendu les effets précieux que j'emportais à Sa Majesté. Hélas! Messieurs, je n'emporte rien de ce pays-là, je vous jure, pas même les moindres regrets. Qui sont donc les joyaux de la Couronne Brandebourgeoise que vous redemandez? C'est l'être Montsir, répondoit Freitag, l'œuvre de Poéshie du Roi mon gracieux Maître. Oh! je lui rendrai sa prose & ses vers de tout mon cœur, lui répliquai-je, quoique après tout j'aie plus d'un droit à cet ouvrage; il m'en a fait présent d'un bel exemplaire, imprimé à ſes dépens; malheureuſement cet exemplaire eſt à Leipſig avec mes autres effets. Alors Fréitag me propoſa de reſter à Francfort, juſqu'à ce que le tréſor qui était à Leipſig, fut arrivé, & il me ſigna ce beau billet.

» Montſir, ſi-tôt que le gros balot de Léipſick ſera ici, où eſt l'oeuvre de Poëshie de mon Maître que Sa Majeſté demande, & l'oeuvre de Poéshie lui rendu à moi, vous pouvir partir où vous paroîtra bon. A Francfort, ier. Juin 1753. Freitag, Réſident du Roi mon Maître «. J'écrivis au bas du billet, bon pour l'oeuvre de Poéſie du Roi votre Maître, de quoi le Réſident fut ſatisfait.

Le 17 Juin arriva le grand balot de Poéſie, je remis ce ſacré dépôt, & je crus pouvoir m'en aller ſans manquer à aucune tête couronnée; mais dans l'inſtant que je partais, on m'arrête, moi mon Secrétaire & mes gens; on arrête ma nièce; quatre ſoldats la traînent au milieu des boues chez le Marchand Schmitt, qui avait

Je ne sais quel titre de Conseiller privé du Roi de Prusse ; ce marchand de Francfort se croyait alors un Général Prussien ; il commandait douze soldats de la ville dans cette affaire, avec toute l'importance & toute la grandeur convenables. Ma Nièce avait un passeport du Roi de France, & de plus, elle n'avait jamais corrigé les vers du Roi de Prusse. On respecte ordinairement les Dames dans les horreurs de la guerre, mais le Conseiller Schmitt, & le Résident Freitag en agissant pour Frédéric ; croyoient lui faire leur cour en traînant le pauvre sexe dans les boues.

On nous fourra tous deux dans une espèce d'hôtellerie, à la porte de laquelle furent postés douze soldats. On en mit quatre autre dans ma chambre, quatre dans un grenier où l'on avait conduit ma Nièce, quatre dans un galetas ouvert à tous vents, où l'on fit coucher mon Secrétaire sur de la paille : ma Nièce avait à la vérité un petit lit, mais les quatre soldats, avec la bayonnette au bout du fusil, lui tenaient lieu de rideaux & de femmes-de-chambre.

Nous avions beau dire que nous en appellions à Cézar, que l'Empereur avait été élu dans Francfort, que mon Sécrétaire était Florentin, & Sujet de Sa Majesté Impériale; que ma Nièce & moi nous étions Sujets du Roi Très-Chrétien, & que nous n'avions rien à démêler avec le Markgrave de Brandebourg, on nous répondit que le Markgrave avait plus de crédit dans Francfort que l'Empereur. Nous fûmes 12 jours prisonniers de guerre, & il nous fallut payer cent quarante écus par jour.

Le Marchand Schmitt s'étant emparé de tous mes effets, qui me furent rendus plus légers de moitié, on ne pouvait payer plus chérement l'oeuvre de Poésie du Roi de Prusse; je perdis environ la somme qu'il avoit dépensée pour me faire venir chez lui, & pour prendre de mes leçons; partant nous fûmes quittes. Pour rendre l'aventure complette, un certain Vanduren, Libraire à la Haye, frippon de profession,

& banqueroutier par habitude, était alors retiré à Francfort · c'était le même homme à qui j'avais fait présent, treize ans auparavant, du manuſcrit de l'Anti-Machiavel de Fréderic. On retrouve ſes amis dans l'occaſion; il prétendit que Sa Majeſté lui redevait une vingtaine de ducats, & que j'en étais reſponſable; il compta l'intérêt & l'intérêt de l'intérêt. Le ſieur Frillard, Bourg-Meſtre de Francfort, qui était même Bourg-Meſtre regnant, comme cela ſe dit, trouva, en qualité de Bourg-Meſtre, le compte très-juſte, &, en qualité de regnant, il me fit debourſer trente ducats, en prit vingt-ſix pour lui, & en donna quatre au frippon Libraire.

Toutes ces affaires d'Oſtrogoths & de Vandales étant finies, j'embraſſai mes hôtes, & je les remerciai de leur douce réception.

Quelque temps après, j'allai prendre les eaux de Plombieres, je bus ſur-tout celles de Léthe, bien perſuadé que les malheurs, de quelque eſpèce qu'ils ſoient, ne ſont bons qu'à oublier. Ma Nièce Madame Denis, qui faisait la consolation de ma vie, & qui s'était attachée à moi par son goût pour les Lettres, & par la plus tendre amitié, m'accompagna de Plombieres à Lyon. J'y fus reçu avec des acclamations par toute la ville, & assez mal par le Cardinal de Tensin, Archevêque de Lyon, si connu par la manière dont il avait fait sa fortune, en rendant catholique ce Law ou Las, Auteur du systême qui bouleversa la France. Son Concile d'Ambrun acheva la fortune que la conversion de Law avait commencée. Le systême le rendit si riche, qu'il eut de quoi acheter un chapeau de Cardinal. Il fut Ministre d'Etat, & en qualité de Ministre, il m'avoua confidemment qu'il ne pouvait me donner à dîner en public, parce que le Roi de France était fâché contre moi de ce que je l'avais quitté pour le Roi de Prusse : je lui dis que je ne dînais, & qu'à l'égard des Rois, j'étais l'homme du monde qui prenait le plus aisément mon parti, aussi-bien qu'avec les Cardinaux. On m'avait conseillé les eaux d'Aix en Savoie : quoiqu'elles fussent sous la domination d'un Roi, je pris ma route pour aller en boire ; il fallait passer par Geneve. Le fameux Tronchain, établi à Geneve depuis peu, me déclara que les eaux d'Aix me tueraient, & qu'il me ferait vivre.

J'acceptai le parti qu'il me proposait. Il n'est permis à aucun Catholique de s'établir ni à Geneve, ni dans les Cantons Suisses protestans : il me parut plaisant d'acquérir des domaines dans les seuls pays de la terre où il ne m'était pas permis d'en avoir.

J'achetai, par un marché singulier, & dont il n'y avait point d'exemple dans le pays, un petit bien d'environ 60 arpens, qu'on me vendit le double de ce qu'il eût coûté auprès de Paris ; mais le plaisir n'est jamais trop cher, la maison est jolie & commode, l'aspect en est charmant, il étonne & ne lasse point. C'est d'un côté le lac de Geneve, c'est la ville de l'autre, le Rhône en sort à gros bouillons, & forme un canal au bas de mon jardin. La riviere d'Aroc, qui descend de la Savoye, se précipite dans le Rhône ; plus loin on voit encore une autre riviere ; cent maisons de campagne, cent jardins rians ornent les bords du lac & des rivières ; dans le lointain s'élèvent les Alpes, & à travers leurs précipices on découvre vingt lieues de montagnes couvertes de neige éternelles. J'ai encore une plus belle maison & une vue plus étendue à Lausanne. Mais une maison auprès de Genève est beaucoup plus agréable. J'ai dans les deux habitations ce que les Rois ne donnent point, ou plutôt ce qu'ils ôtent, le repos & la liberté ; & j'ai encore ce qu'ils donnent quelquefois, & je ne le tiens pas d'eux, je mets en pratique ce que j'ai dit dans le mondain.

Oh le bon temps que le siecle de fer !

Toutes les commodités de la vie en ameublemens, en équipages, en bonne chère se trouvent dans mes deux maisons ;

une société douce & de gens d'esprit, remplit les momens que l'étude & les soins de ma santé me laissent : il y a de quoi faire crever de douleur plus d'un de mes confrères les Gens de Lettres ; cependant je ne suis pas né riche, il s'en faut beaucoup! On me demande par quel art je suis parvenu à vivre comme un Fermier-Général ? Il est bon de le dire, afin que mon exemple serve. J'ai vu tant de Gens de Lettres pauvres & méprisés, que j'ai conclu dès long-temps, que je ne devais pas en augmenter le nombre. Il faut être en France, ou enclume ou marteau. J'étais né enclume : un patrimoine court devient tous les jours plus court, parce que tout augmente de prix à la longue, & que souvent le Gouvernement a touché aux rentes & aux espèces : il faut être attentif à toutes les opérations que le Ministère toujours obéré, & toujours inconstant, fait dans les finances de l'Etat ; il y en a toujours quelqu'une dont un particulier peut profiter, sans avoir obligation à personne ; & rien n'est si doux que de faire fortune par soi-même : le premier pas coûte quelques peines, les autres sont aisés : il faut être économe dans sa jeunesse, on se trouve dans sa vieillesse un fonds dont on est surpris : c'est le tems où la fortune est le plus nécessaire ; c'est celui où je jouis, & après avoir vécu chez des Rois, je me suis fait Roi chez moi, malgré des pertes immenses. Depuis que je vis dans cette opulence paisible, & dans la plus extrême indépendance, le Roi de Prusse est revenu à moi : il m'envoya en 1755 un Opéra qu'il avait fait de ma tragédie de Mérope ; c'était sans contredit, ce qu'il avait fait de plus mauvais. Depuis ce temps-là il a continué à m'écrire ; j'ai toujours été en commerce de lettres avec sa sœur la Markgrave de Bareith, qui m'a conservé des bontés inaltérables.

Pendant que je jouissais dans ma retraite de la vie la plus douce qu'on puisse s'imaginer, j'eus le petit plaisir philosophique de voir que les Rois de l'Europe ne goûtaient pas cette heureuse tranquillité,

& de conclure que la situation d'un particulier est souvent préférable à celle des plus grands Monarques, comme vous allez voir.

L'Angleterre fit une guerre de pirate à la France, pour quelques arpens de neiges, en 1756. Dans le même temps l'Impératrice Reine de Hongrie parut avoir quelque envie de reprendre, si elle pouvait, sa chere Silésie, que le Roi de Prusse lui avait arrachée : elle négociait dans ce dessein, avec l'Impératrice de Russie, & avec le Roi de Pologne seulement, en qualité d'Electeur de Saxe, car on ne négocie point avec les Polonais : le Roi de France de son côté voulait se venger sur les Etats d'Hanovre, du mal que l'Electeur d'Hanovre, Roi d'Angleterre lui faisoit sur mer : Fréderic, qui était allié avec la France, & qui avait un profond mépris pour notre gouvernement, préféra l'alliance de l'Angleterre à celle de France, & s'unit avec la Maison d'Hanovre, comptant empêcher d'une main les Russes d'a-

vancer

vancer dans la Pruſſe, & de l'autre les Français de venir en Allemagne : il ſe trompa dans ſes idées, mais il en avait une troiſième, dans laquelle il ne ſe trompa point, ce fut d'envahir la Saxe, ſous prétexte d'amitié, & de faire la guerre à l'Impératrice Reine d'Hongrie, avec l'argent qu'il pilla chez les Saxons. Le Marquis de Brandebourg, par cette manoeuvre ſinguliere, fit ſeul changer tout le ſyſtême de l'Europe. Le Roi de France voulant le retenir dans ſon alliance, lui avait envoyé le Duc de Nivernois, homme d'eſprit, & qui faiſait de très-jolis vers. L'ambaſſade d'un Duc & Pair & d'un Poëte, ſemblait devoir flatter la vanité & le goût de Fréderic; il ſe moqua du Roi de France, & ſigna ſon traité avec l'Angleterre. Ce même jour l'Ambaſſadeur arriva à Berlin, il joua très-poliment le Duc & Pair, & fit une épigramme contre le Poëte.

C'était alors le privilege de la Poéſie de gouverner les Etats; il y avait un autre Poëte à Paris, homme de condition, fort pauvre, mais très-aimable, en un mot, l'Abbé de Bernis, depuis Cardinal.

Il avait débuté par faire des vers contre moi, & ensuite était devenu mon ami, ce qui ne lui servait à rien; mais il était devenu celui de Mad. de Pompadour, & cela lui fut plus utile : on l'avait envoyé du Parnasse en ambassade à Venise : il était alors à Paris avec un très-grand crédit.

Le Roi de Prusse, dans ce beau Livre de Poësie, que M. de Freitag redemandait à Francfort avec tant d'instances, avait glissé un vers contre l'Abbé de Bernis,

Evitez de Bernis la stérile abondance.

Je ne crois pas que ce Livre & ces vers fussent parvenus jusqu'à l'Abbé; mais comme Dieu est juste, Dieu se servit de lui pour venger la France du Roi de Prusse. L'Abbé conclut un traité offensif & défensif avec M. de Staremberg, Ambassadeur d'Autriche, en dépit de Rouillé, alors Ministre des affaires étrangeres; Mad. de Pompadour présida à cette négociatiation: Rouillé fut obligé de signer le traité conjointement avec l'Abbé de Bernis, ce qui était sans exemple. Ce Ministre Rouillé, il faut l'avouer, était le plus inepte Secrétaire d'Etat que jamais Roi de France ait eu, & le pédant le plus ignorant qui fut dans la Robe : il avait demandé un jour si la Vétéranie était en Italie. Tant qu'il n'y eut point d'affaires épineuses à traiter, on le souffrit ; mais dès qu'on eut de grands objets, on sentit son insuffisance, on le renvoya, & l'Abbé de Bernis eut sa place. Mlle. Poisson, Dame le Normand, Marquise de Pompadour, était réellement premier Ministre d'Etat. Certains termes outrageans lâchés contre elle par Fréderic, qui n'épargnait ni les femmes ni les poëtes, avaient blessé le cœur de la Marquise, & ne contribuèrent pas peu à cette révolution dans les affaires, qui réunit dans un moment les Maisons de France & d'Autriche, après plus de deux cens ans d'une haine réputée immortelle. La Cour de France qui avait prétendu, en 1741, écraser l'Autriche, la soutint en

1756, & enfin on vit la France, la Russie, la Suede, la Hongrie, la moitié de l'Allemagne & le Fiscal de l'Empire, se déclarer contre le seul Marquis de Brandebourg. Ce prince, dont l'ayeul pouvait à peine entretenir vingt mille hommes, avait une armée de cent mille Fantassins & de quarante mille Cavaliers, bien composée, encore mieux exercée, pourvue de tout; mais enfin il y avait plus de quatre cens mille hommes en armes contre le Brandebourg.

Il arriva dans cette guerre que chaque parti prit d'abord tout ce qu'il était à portée de prendre; Fréderic prit la Saxe, la France, prit les Etats de Fréderic depuis la ville de Gueldres jusqu'à Minden sur le Weser, & s'empara pour un tems de tout l'Electorat de Hanovre & de la Hesse, alliée de Fréderic; l'Impératrice de Russie prit toute la Prusse. Le Roi battu d'abord par les Russes, battit les Autrichiens, & ensuite en fut battu dans la Boheme le 18 Juin 1757. La perte d'une bataille semblait devoir écraser ce Monarque, pressé de tous côtés par les Russes, par les Autrichiens & par la France, lui-même se crut perdu. Le Maréchal de Richelieu venait de conclure près de Stade un traité avec les Hanovriens & les Hessois, qui ressemblaient à celui des Fourches-Condines : leur armée ne devait plus servir ; le Maréchal était près d'entrer dans la Saxe avec 60 mille hommes, le Prince de Soubise allait y entrer d'un autre côté avec plus de 30000, & était secondé de l'armée des cercles de l'Empire, de-là on marchait à Berlin ; les Autrichiens avaient gagné un second combat, & étaient déjà dans Breslau ; un de leurs Généraux même avait fait une course jusqu'à Berlin, & l'avait mis à contribution : le trésor du Roi de Prusse était presqu'épuisé, & bientôt il ne devait plus lui rester un village ; on alloit le mettre au ban de l'Empire ; son procès était commencé ; il était déclaré rebelle ; & s'il était pris, l'apparence était qu'il aurait été condamné à perdre la tête. Dans ces extrêmités il lui passa dans l'esprit, de vouloir se tuer : il écrivit à sa soeur Mad. la Markgrave de Bareith qu'il allait terminer sa vie : il ne voulut point finir la piece sans quelques vers : la passion de la poésie était encore plus forte en lui que la haine de la vie : il écrivit donc au Marquis d'Argens une longue Epître en vers, dans laquelle il lui faisoit part de sa résolution, & lui disait adieu.

Quelque singuliere que soit cette Epître par le sujet, & par celui qui l'a écrite, & par les personnages à qui elle est adressée, il n'y a pas moyen de la transcrire ici toute entiere, tant il y a de répétitions ; mais on y trouve quelques morceaux assez bien tournés pour un Roi du nord : en voici plusieurs passages.

Ami, le sort en est jeté,
Las de plier dans l'infortune,
Sous le joug de l'adversité,
J'accourcis le tems arrêté
Que la nature notre mère,
A mes jours remplis de misère,

A daigné prodiguer par libéralité :
D'un cœur assuré, d'un œil ferme,
Je m'approche de l'heureux terme
Qui va me garantir contre les coups du sort
Sans timidité, sans effort,
Adieu grandeurs, adieu chimères,
De vos bluettes passagères,
Mes yeux ne seront plus éblouis ·
Si votre faux éclat de ma naissante aurore
Fit trop imprudemment éclore
Des desirs indiscrets, long-tems évanouis,
Au sein de la Philosophie,
École de la vérité,
Zenon me détrompa de la frivolité
Qui produit les erreurs du songe de la vie.
Adieu divine volupté,
Adieu plaisirs charmans, qui flattez la mollesse,
Et dont la troupe enchanteresse,
Par des lions de fleurs enchaîne la gaieté.
Mais que fais-je ? grand Dieu ! courbé sous la tristesse,
Est-ce à moi de nommer les plaisirs, l'allégresse ?
Et sous les griffes du vautour,
Voit-on la tendre tourterelle
Et la plaintive philomele

Chanter ou respirer l'amour ?

Depuis long-tems pour moi, l'astre de la lumière
N'éclaira que des jours signalés par mes maux ;
Depuis long-tems Morphée, avare de pavots,
N'en daigne plus jetter sur ma triste paupière.
Je disais ce matin, les yeux couverts de pleurs,
Le jour qui dans peu va renaître,
M'annonce de nouveaux malheurs ;
Je disais à la nuit, tu va bientôt paroître
Pour éterniser ma douleur.
Vous, de la liberté, Héros que je révère !
O mânes de Caton ! O mânes de Brutus !
Votre illustre exemple m'éclaire
Parmi l'erreur & les abus ;
C'est votre flambeau funéraire
Qui m'instruit du chemin peu connu du vulgaire,
Que nous avaient tracé vos antiques vertus.
J'écarte les romans & les pompeux fantômes
Qu'engendra de ces flancs la superstition ;
Et pour approfondir la nature des hommes,
Pour connaître ce que nous sommes,
Je ne m'adresse point à la Religion ;
J'apprends de mon maître Epicure,
Que du tems la cruelle injure
Dissout les êtres composés,

Que ce souffle, cette étincelle,
Ce feu vivifiant des corps organisés,
N'est point de nature immortelle;
Il naît avec le corps, s'accroît dans les enfans,
Souffre de la douleur cruelle;
Il s'égare, il s'éclipse, & baisse avec les ans:
Sans doute il périra, quand la nuit éternelle
Viendra nous arracher du nombre des vivans.
Vaincu, persécuté, fugitif dans le monde,
Trahi par des amis pervers,
Je souffre en ma douleur profonde,
Plus de maux dans cet univers,
Que dans la fiction de la fable féconde,
N'en a jamais souffert Promethée aux enfers.
Ainsi pour terminer mes peines,
Comme ces malheureux au fond de leurs cachots,
Las d'un destin cruel, & trompant leurs bourreaux,
D'un noble effort brisent leurs chaînes,
Sans m'embarrasser des moyens,
Je romps mes funestes liens
Dont la subtile & fine trame,
A ce corps rongé de chagrins,
Trop long-tems attacha mon ame.
Tu vois dans ce cruel tableau,

De mon trépas la juste cause ;
Au moins ne pense pas, du néant du caveau,
Que j'aspire à l'apothéose.
Mais lorsque le printems paraissant de nouveau
De son sein abondant t'offre des fleurs écloses,
Chaque fois du bouquet de myrthes & de roses;
Souviens-toi d'orner mon tombeau.

Il m'envoya cette Epître écrite de sa main; il y a plusieurs émistiches pillés de l'Abbé de Chaulieu & de moi : les idées sont incohérentes, les vers en général mal faits, mais il y en a de bons, & c'est beaucoup pour un Roi de faire une Epître en deux cens mauvais vers, dans l'état où il était : il voulait qu'on eût dit qu'il avait conservé toute la présence & toute la liberté de son esprit, dans un moment où les hommes n'en ont guère.

La Lettre qu'il m'écrivit témoignait les mêmes sentimens, mais il y avait moins de myrthes, de roses & d'ixions, & de douleurs profondes. Je combattis en prose la résolution qu'il disait avoir prise de mourir, & je n'eus pas de peine à le déterminer à vivre. Je lui conseillai d'entamer une négociation avec le Maréchal de Richelieu, d'aimiter le Duc de Cumberland : je pris enfin toutes les libertés qu'on peut prendre avec un Poëte désespéré, qui était tout prêt de n'être plus Roi. Il écrivit en effet au Maréchal de Richelieu ; mais n'ayant pas de réponse, il résolut de nous battre, & me manda qu'il allait combattre le Prince de Soubise : sa lettre finissait par des vers plus dignes de la situation, de sa dignité, de son courage & de son esprit.

Quand on est voisin du naufrage :
Il faut en affrontant l'orage
Penser vivre & mourir en Roi.

En marchant aux Français & aux Impériaux, il écrivit à Madame la Markgrave de Bareith sa sœur, qu'il se ferait tuer ; mais il fut plus heureux qu'il ne le disait, & qu'il ne le croyait : il attendit le 5 Novembre 1757, l'Armée Française & Impériale, dans un poste assez avantageux, à Rosbac, sur la frontière de la Saxe; & comme il avait toujours parlé de se faire tuer, il voulut que son frère, le Prince Henri, acquitât sa promesse à la tête de cinq bataillons Prussiens, qui devaient soutenir le premier effort de l'Armée ennemie, tandis que son artillerie les foudroyerait, & que sa cavalerie attaquerait la leur.

En effet, le Prince Henri fut légérement blessé à la gorge, d'un coup de fusil, & ce fut, je crois le seul Prussien blessé à cette journée. Les Français & les Impériaux s'enfuirent à la première décharge; ce fut la déroute la plus complette dont l'histoire ait jamais parlé. Cette bataille de Rosbac sera long-tems célèbre: on vit trente mille Français & vingt mille Impériaux prendre une fuite honteuse & précipitée devant cinq bataillons & quelques escadrons. Les défaites d'Azincourt, de Crecy, de Poitiers ne furent pas plus humiliantes.

La discipline & l'exercice militaire que

ſon Pere avait établi, & que le fils avait fortifiée, furent la véritable cauſe de cette étrange victoire. L'exercice pruſſien s'était perfectionné pendant 50 ans ; on avait voulu l'imiter en France, comme dans tous les autres Etats ; mais on n'avait pu faire en 3 ou 4 ans avec des Français peu diſciplinés, ce qu'on avait fait pendant 50 ans avec des Pruſſiens ; on avait même changé la manœuvre en France, preſqu'à chaque revue ; de ſorte que les Officiers & les ſoldats ayant mal appris des exercices nouveaux, & tous différens les uns des autres, n'avaient rien appris du tout, & n'avaient réellement aucune diſcipline, ni aucun exercice : en un mot, à la ſeule vue des Pruſſiens, tout fut en déroute, & la fortune fit paſſer Fréderic, en un quart d'heure, du comble du déſeſpoir à celui du bonheur & de la gloire.

Cependant il craignit que ce bonheur ne fût très-paſſager ; il craignait d'avoir à porter tout le poids de la puiſſance de France, de la Ruſſie & de l'Autriche, &

Il aurait bien voulu détacher Louis XV de Marie-Thérèse. La funeste journée de Rosbac faisait murmurer toute la France contre le traité de l'Abbé de Bernis avec la Cour de Vienne. Le Cardinal de Tensin, Archevêque de Lyon, avait toujours conservé son rang de Ministre d'Etat, & une correspondance particuliere avec le Roi de France; il était plus opposé que personne à l'alliance avec la Cour Autrichienne; il m'avait fait à Lyon une réception dont j'étais peu satisfait : cependant l'envie de se mêler d'intrigues, qui le suivait dans sa retraite, & qui à ce qu'on prétend, n'abandonne jamais les hommes en place, le porta à se lier avec moi, pour engager Mad. la Markgrave de Bareith de s'en remettre à lui, & à lui confier les intérêts du Roi son frere; il voulait reconcilier le Roi de Prusse avec le Roi de France, & croyait procurer la paix. Il n'était pas bien difficile de porter Mad. de Bareith, & le Roi son frère, à cette négociation; je m'en chargeai avec d'autant plus de plaisir, que je voyais très-bien qu'elle ne réussirait pas.

Mad. la Markgrave de Bareith écrivit de la part du Roi son frere : c'était par moi que passaient les lettres de la Princesse & celle du Cardinal. J'avais en secret la satisfaction d'être l'entremeteur de cette grande affaire, & peut-être encore un autre plaisir, celui de sentir que mon Cardinal se préparait un grand dégoût. Il écrivit une lettre au Roi en lui envoyant celle de la Markgrave ; mais il fut étonné que le Roi, lui répondit assez séchement, que le Secrétaire d'Etat des affaires étrangères l'instruirait de ses intentions. En effet, l'Abbé de Bernis dicta au Cardinal la réponse qu'il devait faire. Cette réponse était un refus net d'entrer en négociation. Il fut obligé de signer le modèle de la lettre que lui envoyait l'Abbé de Bernis ; il m'envoya cette lettre qui finissait tout, & il en mourut de chagrin au bout de 15 jours. Je n'ai jamais trop conçu comment on meurt de chagrin, & comment des Ministres & des vieux Cardinaux, qui ont l'ame si dure, ont pourtant assez de sensibilité pour être frappés à mort pour un petit dégoût. Mon dessein avait été de me moquer de lui, de le mortifier, & non pas de le faire mourir.

Il y avait une espèce de grandeur dans le Ministère de France à refuser la paix au Roi de Prusse, après avoir été battu & humilié par lui ; il y avait de la fidélité & bien de la bonté à se sacrifier pour la maison d'Autriche. Ces vertus furent long-tems mal récompensées par la fortune.

Les Hanovriens, les Brunswikois, les Hessois furent moins fidèles à leurs traites, & s'en trouvèrent mieux. Ils avaient stipulé avec le Maréchal de Richelieu qu'ils ne serviraient plus contre nous ; qu'ils passeraient l'Elbe au-delà duquel on les avait renvoyés ; ils rompirent leur marche de Fourches-Condines, dès qu'ils sçurent que nous avions été battus à Rosbac. L'indiscipline, la désertion, les maladies détruisirent notre armée, & le résultat de nos opérations fut, au printemps de 1758, d'avoir perdu trois cens millions & cinquante mille hommes en Allemagne pour Marie-Thérèse, comme nous avions fait dans la guerre de 1741, en combattant contre elle. Le Roi de Prusse, qui avait battu notre armée dans la Thuringe à Rosbac, s'en alla combattre l'armée Autrichienne à 60 lieues de-là. Les Français pouvaient encore entrer en Saxe, les vainqueurs marchaient ailleurs, rien n'aurait arrêté les Français; mais ils avoient jetté leurs armes, perdu leurs canons, leurs munitions, leurs vivres & sur-tout la tête. Ils s'éparpillerent; on rassembla leurs débris difficilement. Fréderic au bout d'un mois remporta à pareil jour une victoire plus signalée & plus disputée sur l'armée Autrichienne, auprès de Breslau; il reprend Breslau, il y fait quinze mille prisonniers, le reste de la Silésie rentre sous ses loix; Gustave Adolphe n'avait pas fait alors de si grandes choses. Il fallut bien alors lui pardonner ses vers, ses plaisanteries, ses petites malices & même ses péchés contre le sexe féminin. Tous les défauts de l'homme disparurent devant la gloire du Héros.

AUX DÉLICES, 6 9BRE 1759.

J'avais laissé là mes aventures, les croyant aussi inutiles que les lettres de Bayle à Mad. sa chère mere, & que la vie de S. Evremont écrite par Demaiseaux & que celle de l'Abbé Morigon écrites par lui-même; mais bien des choses qui me paraissent ou neuves ou plaisantes, me ramenent au ridicule de parler de moi à moi-même.

Je vois de mes fenêtres la ville où regnait Jean Calvin-le-Picard, dit Calvin, & la place où il fit brûler Servet pour le bien de son ame. Presque tous les Prêtres de ce pays-ci pensent aujourd'hui comme Servet, & vont même plus loin que lui, ils ne croyent point du tout en Jesus-Christ Dieu; & ces Messieurs, qui ont fait autrefois main-basse sur le purgatoire, se sont humanisés jusqu'à faire grace aux ames qui sont en enfer; ils prétendent que leurs peines ne seront point éternelles, que Thésée ne sera pas toujours dans son fauſneil, que Siſyphe ne roulera pas toujours ſon rocher ; ainſi de l'enfer auquel ils ne croyent plus, ils ont fait réellement le purgatoire auquel ils ne croyent pas. C'eſt une aſſez jolie révolution dans l'hiſtoire de l'eſprit humain. Il y avait là de quoi ſe couper la gorge, allumer des bûchers, faire des Saints-Barthelemi ; cependant on ne s'eſt pas même dit d'injures, tant les mœurs ſont changées, il n'y a que moi à qui un de ces Prédicans en ait dit, par ce que j'avais oſé avancer que le Picard Calvin était un eſprit dur, qui avait fait brûler Servet fort mal-à-propos. Admirez je vous prie, les contradictions de ce monde : voilà des gens qui ſont preſ-qu'ouvertement ſectateurs de Servet, & qui l'injurient pour avoir trouvé mauvais que Calvin l'ait fait brûler a petit feu avec des fagots verts.

Ils ont voulu me prouver en forme que Calvin était bon homme ; ils ont prié le Conſeil de Genève de leur communiquer les pièces du procés de Servet. Le Conſeil plus sage qu'eux les a refusées ; il ne leur a pas été permis d'écrire contre moi dans Genève. Je regardais ce petit triomphe comme le plus bel exemple des progrès de la raison dans ce siecle.

La Philosophie a remporté encore une plus grande victoire sur mes ennemis à Lausanne. Quelques Ministres s'étaient avisés dans ce pays-là de compiler je ne sais quel mauvais livre contre moi, pour l'honneur, disaient-ils, de la Religion Chrétienne; j'ai trouvé sans peine le moyen de faire saisir les exemplaires, & de les supprimer par autorité du Magistrat. C'est peut-être la premiere fois qu'on ait forcé des Théologiens à se taire, & à respecter un Philosophe. Jugez si je ne dois pas aimer passionnément ce pays-ci ? Etres pensans, je vous avertis qu'il est très-agréable de vivre dans une République, aux Chefs de laquelle on peut dire, venez demain dîner chez moi. Cependant je ne me suis point encore trouvé assez libre ; & ce qui est à mon gré digne de quelque attention, c'eſt que pour l'être parfaitement, j'ai acheté des terres en France. Il y en avait deux à ma bienſéance à une lieue de Genève, qui avait joui autrefois de tous les privileges de cette ville; j'ai eu le bonheur d'obtenir du Roi un brevet par lequel ces privileges ſont conſervés. Enfin j'ai tellement arrangé ma deſtinée, que je me trouve indépendamment à-la-fois en Suiſſe ſur le territoire de Genève, & en France, j'entends parler beaucoup de liberté; mais je ne crois pas qu'il y ait en Europe un particulier qui s'en ſoit fait une comme la mienne. Suivra mon exemple qui voudra ou qui pourra. Je ne pouvais certainement mieux prendre mon temps pour chercher cette liberté & ce repos loin de Paris. On y était alors auſſi fous & auſſi acharnés dans des querelles puériles que du tems de la Fronde; il n'y manquait que la guerre civile; mais comme Paris n'avait ni un Roi des Halles, tel que le Duc de Beaufort, ni un coadjuteur donnant la bénédiction avec un poignard, il n'y eut que des tracasseries civiles, elles avaient commencées par des billets de banque pour l'autre monde, inventés, comme j'ai déja dit, par l'Archevêque de Paris, Beaumont, homme opiniâtre, faisant le mal de tout son coeur par excès de zèle, un fou sérieux, un vrai Saint dans le goût de Thomas de Cantorberi. La querelle s'échauffa pour une place à l'Hôpital, à laquelle le Parlement de Paris prétendait nommer, & que l'Archevêque réputait place sacrée, dépendante uniquement de l'Eglise. Tout Paris prit parti, les petites factions Jansénistes & Molinistes ne l'épargnèrent pas, le Roi les voulut traiter comme ont fait quelquefois les gens qui se battent dans la rue, on leur jette des sceaux d'eau pour les séparer ; il donna le tort aux deux partis, comme de raison, mais ils n'en furent que plus envenimés. Il exila l'Archevêque ; il exila le Parlement : mais un maître ne doit chasser ses domestiques que quand il est sûr d'en trouver d'autres pour les remplacer. La Cour fut obligée de faire revenir le Parlement, parce qu'une Chambre nommée Royale, composée de Conseillers d'Etat & de Maîtres des Requêtes, érigée pour juger les procès, n'avait pu trouver pratique. Les Parisiens s'étaient mis dans la tête de ne plaider que devant cette Cour de Justice, qu'on appella Parlement : tous ses Membres furent donc rappellés, & crurent avoir remportés une victoire signalée sur le Roi ; ils l'avertirent paternellement dans une de leurs remontrances, qu'il ne falloit pas qu'il exilât une autre fois son Parlement, attendu ; disaient-ils, que cela était de mauvais exemple : enfin ils en firent tant, que le Roi résolut au moins de casser une de leurs Chambres, & de réformer les autres. Alors ces Messieurs donnèrent tous leur démission, excepté la Grande Chambre. Les murmures éclatèrent, on déclamait publiquement au palais contre le Roi. Le feu qui sortait de toutes les bouches prit malheureusement à la cervelle d'un laquais nommé Damiens, qui allait souvent dans la Grand'Salle. Il est prouvé par le procès de ce fanatique de la robe, qu'il n'avait pas l'idée de tuer le Roi, mais seulement celle de lui infliger une petite correction. Il n'y a rien qui ne passe par la tête des hommes. Ce misérable avait été cuistre au College des Jésuites, College où j'ai vu quelquefois les écoliers donner des coups de canif, & les cuistres leur en rendre. Damiens alla donc à Versailles dans cette résolution, & blessa le Roi au milieu de ses gardes & de ses courtisans avec un de ces petits canifs dont on taille les plumes.

On ne manqua pas, dans la première horreur de cet accident, d'imputer le coup aux Jésuites, qui étaient, disait-on, en possession, par un ancien usage. J'ai lu dans une Lettre d'un Pere Griffet, dans laquelle il disait : " Cette fois-ci ce n'est
" pas NOUS, c'est à présent le tour de ces
" MESSIEURS ". C'était naturellement au Grand-Prévôt de la Cour à juger l'assassin, puisque le crime avait été commis dans

l'enceinte

l'enceinte du Palais du Roi. Le malheureux commenca par accuser sept Membres des Enquêtes, il n'y avait qu'à laisser subsister cette accusation & exécuter le criminel; par-là le Roi rendait le Parlement odieux, & se donnait sur lui un avantage aussi durable que la Monarchie. On dit que M. d'Argenson porta le Roi à donner à son Parlement la permission de juger l'affaire; il en fut bien récompensé, car huit jours après il fut dépossédé & exilé.

Le Roi eut la faiblesse de donner de grosses pensions aux Conseillers qui instruisirent le procès de Damiens, comme s'ils avaient rendu quelque service signalé & difficile. Cette conduite acheva d'inspirer à Messieurs des Enquêtes une confiance nouvelle. Ils se crurent des personnages importans, & leurs chimères de représenter la Nation, & d'être les tuteurs des Rois, se réveillèrent. Cette scène passée, & n'ayant plus rien à faire, ils s'amusèrent à persécuter les Philosophes.

Omer Joli-de-Fleury, Avocat-Général

du Parlement de Paris, étala dans les Chambres le triomphe le plus complet que l'ignorance, la mauvaise foi & l'hypocrisie aient jamais remporté. Plusieurs Gens de Lettres très-estimables par leur science & par leur conduite, s'étaient associés pour composer un Dictionnaire immense de tout ce qui peut éclairer l'esprit humain : c'était un grand objet de commerce pour la Librairie de France : le Chancelier, les Ministres encourageaient une si belle entreprise : déja sept volumes avaient paru; on les traduisit en Anglais, en Allemand, en Hollandais, & ce trésor ouvert à toutes les Nations par les Français, pouvait être regardé comme ce qui nous faisait alors le plus d'honneur, tant les excellens articles du Dictionnaire Encyclopédique rachetaient les mauvais, qui sont pourtant en assez grand nombre : on ne pouvait rien reprocher à cet Ouvrage, que trop de déclamations puériles, malheureusement adoptées par les Auteurs du recueil qui prenaient à toute main pour grossir l'Ouvrage ; mais tout ce qui part de ces Auteurs est excellent.

Voilà Omer Joly-de-Fleury, qui le 23 Février 1759, accuse les pauvres gens d'être athées, déistes, corrupteurs de la jeunesse, rebelle au Roi, &c. &c.

Omer, pour prouver ces accusations, cite S. Paul, le procès de Théophile, & Abraham (1) Chaumeix. Il ne lui manquait que d'avoir lu le livre contre lequel il parlait, ou s'il l'avait lu, Omer était un étrange imbécile. Il demande justice à la Cour de l'article AME, qui, selon lui, est le matérialisme tout pur. Vous remarquerez que cet article AME, l'un des plus mauvais du livre, est l'ouvrage d'un pauvre Docteur de Sorbonne, qui se tue à déclamer à tort & à travers contre le ma-

[1] Abraham Caumeix, ci-devant Vinaigrier, étant Janséniste & convulsionnaire, était alors l'oracle du Parlement de Paris ; Omer Fleury le cita comme un Pere de l'Eglise. Caumeix a été depuis maître d'école à Moscou.

térialisme. Tout le discours d'Omer Joli-de-Fleury fut un tissu de bévues pareilles. Il défère donc à la Justice le livre qu'il n'a pas lu, ou qu'il n'a point entendu ; & tout le Parlement sur la réquisition d'Omer, condamne l'Ouvrage, non-seulement sans aucun examen, mais sans en avoir lu une page. Cette façon de rendre justice est fort au-dessous de celle de Bridoye, car du-moins Bridoye pouvoit rencontrer justice.

Les Editeurs avaient un privilège du Roi. Le Parlement n'a pas certainement le droit de réformer les privilèges accordés par Sa Majesté ; il ne lui appartient pas de juger ni d'un Arrêt du Conseil, ni de rien de ce qui est scellé à la Chancellerie : cependant il se donna le droit de condamner ce que le Chancelier avait approuvé ; il nomma des Conseillers pour décider des objets de Géométrie & de Métaphysique, contenus dans l'Encyclopédie. Un Chancelier un peu ferme aurait cassé l'Arrêt du Parlement comme très-incompétent. Le Chancelier de Lamoignon se contenta de révoquer le privilège, & condamner ce qu'il avait revêtu du sceau de l'autorité suprême. On croirait que cette aventure est du tems du Père Garasse, & des arrêts contre l'émétique. Cependant elle est arrivée dans le seul siècle éclairé qu'ait eu la France, tant il est vrai qu'il suffit d'un sot pour déshonorer une Nation.

On avouera sans peine que dans telles circonstances, Paris ne devait pas être le séjour d'un Philosophe, & qu'Aristote fut très-sage de se retirer à Charleis, lorsque le fanatisme dominait dans Athènes. D'ailleurs, l'état d'Homme de Lettres à Paris, est immédiatement au-dessus de celui d'un batteleur. L'état de Gentilhomme ordinaire de Sa Majesté, que le Roi m'avait conservé, n'est pas grand chose. Les hommes sont bien sots, & je crois qu'il vaut mieux bâtir un beau Château, comme j'ai fait, y jouer la Comédie & y faire bonne chère, que d'être lévraude à Paris comme Helvétius, par les gens tenant la Cour de Parlement, & par les gens tenant l'écurie de Sorbonne. Comme je ne pouvais assurément ni rendre les hommes plus raisonnables, ni le Parlement moins pédant, ni les Théologiens moins ridicules, je continuai à être heureux loin d'eux.

Je suis quasi honteux de l'être en contemplant du port les orages. Je voyais l'Allemagne inondée de sang, la France ruinée de fond en comble, nos armées, nos flottes battues, nos Ministres renvoyés l'un après l'autre, sans que nos affaires en allassent mieux ; le Roi de Portugal assassiné, non par un laquais, mais par les Grands du pays : & cette fois-ci les Jésuites ne peuvent pas dire : ce n'est pas Nous ; ils avaient conservés leurs droits, & il a été bien prouvé depuis, que ces bons Pères avaient saintement mis le couteau dans les mains des parricides ; ils dirent pour leur raison qu'ils sont souverains au Paraguai, & qu'ils ont traité avec le Roi de Portugal de couronne à couronne.

Voici une petite aventure aussi singulière qu'on ait vu depuis qu'il y a eu des Rois & des Poëtes sur la terre. Fréderic ayant passé un tems assez long à garder les frontières de la Silésie, dans un camp inexpugnable, s'y est ennuyé ; & pour passer le tems, il a fait une Ode contre la France & contre le Roi. Il m'envoya son Ode, signée Fréderic, au commencement de Mai 1759, & accompagnée d'un paquet énorme de vers & de prose. J'ouvre le paquet, & je m'apperçois que je ne suis point le premier qui l'a ouvert ; il était visible qu'en chemin il avait été décacheté. Je fus transi de frayeur en lisant dans l'Ode les strophes suivantes.

O Nation folle & vaine !
Quoi ! sont-ce là ces guerriers
Sous Luxembourg, sous Turenne,
Couverts d'immortels lauriers ?
Qui, vrais amans de la gloire,
Affrontoient pour la victoire
Les dangers & le trépas ?
Je vois leur vil assemblage

Auſſi vaillant au pillage,
Que lâche dans le combat.
Quoi! votre faible Monarque,
Joüet de la Pompadour,
Flétri, par plus d'une marque,
Des opprobres de l'amour;
Lui qui déteſtant les peines,
Au haſard remet les rênes
De ſon Empire aux abois:
Cet eſclave parle en maître;
Ce céladon ſous un hêtre
Croit dicter le ſort des Rois.

Je tremblai en voyant ces vers, parmi leſquels il y en a de très-bons, ou du moins qui paſſeront pour tels. J'ai malheureuſement la réputation mérité d'avoir juſqu'ici corrigé les vers du Roi de Pruſſe, le paquet a été ouvert en chemin, les vers tranſpireront dans le public, le Roi de France les croira de moi, & me voilà criminel de lèſe-Majeſté, & qui pis eſt, coupable envers Mad. de Pompadour.

Dans cette perplexité, je prie le Réſident de France à Genève, de venir chez moi, je lui montre le paquet, il convient qu'il a été décacheté avant de me parvenir ; il juge qu'il n'y a pas d'autre parti à prendre dans une affaire où il y allait de ma tête, que d'envoyer le paquet à M. de Choiseul, Ministre de France. En toute autre circonstance je n'aurais point fait cette démarche, mais j'étais obligé de prévenir ma ruine : je faisais connaître à la Cour tout le fond du caractère de son ennemi ; je savais bien que M. de Choiseul n'en abuserait pas, & qu'il se bornerait à persuader le Roi que Fréderic était un ennemi véritable qu'il fallait écraser si on pouvait. Le Duc de Choiseuil ne se borna pas-là. C'est un homme d'esprit, il fait des vers, il a des amis qui en font, il paya le Roi de Prusse en même monnoie, & m'envoya une Ode contre Fréderic, aussi mordante, aussi terrible que l'était la sienne : entre nous en voici des échantillons détachés.

Ce n'est plus cet heureux génie
Que des Arts, dans la Germanie,
Devait allumer le flambeau :

Epoux, fils & frere coupable,
C'eſt lui que ſon pere équitable
Voulut étouffer au berceau.

Cependant c'eſt lui dont l'audace
Des neuf ſœurs, & du dieu de Thrace,
Croit réunir les attributs :
Lui qui chez Mars, comme au Parnaſſe,
N'a jamais occupé de place
Qu'entre Zoïle & Mævius.

Voi, malgré la garde Romaine,
Néron pourſuivi ſur la ſcène,
Par les mépris des légions :
Voi, l'oppreſſeur de Syracuſe,
Sans fruit proſtituant ſa muſe
Aux inſultes des nations

Juſques-là, cenſeur moins ſauvage,
Souffre l'innocent badinage
De la nature & des amours :
Peux-tu condamner la tendreſſe,
Toi qui n'as connu l'ivreſſe
Que dans les bras de tes Tambours ?

Le Duc de Choiſeul en me faiſant parvenir cette réponſe, m'aſſura qu'il allait la faire imprimer, ſi le Roi de Pruſſe publiait ſon ouvrage, & qu'on battrait Fréderic à coups de plume, comme on espérait le battre à coups d'épée. Il ne tenait qu'à moi, si j'avais voulu me réjouir, de voir le Roi de France & le Roi de Prusse faire la guerre en vers ; c'était une scène nouvelle dans le monde : je me donnai un autre plaisir, celui d'être plus sage que Fréderic ; je lui écrivis que son Ode était fort belle, mais qu'il ne devait pas la rendre publique ; qu'elle n'avait pas besoin de cette gloire, qu'il ne devait pas se fermer toutes les voies de réconciliation avec le Roi de France, l'aigrir sans retour, & le forcer à faire les derniers efforts pour tirer de lui une juste vengeance. J'ajoutai que ma Nièce avait brûlé son Ode, dans la crainte mortelle qu'elle me fut imputée. Il me crut, me remercia, non sans quelques reproches d'avoir brûlé les plus beaux vers qu'il eût fait en sa vie. Le Duc de Choiseul tint parole, & fut discret. Pour rendre la plaisanterie complette, j'imaginai de poser les premiers fondemens de la paix de l'Europe sur ces deux pièces, qui devaient perpétuer la guerre jusqu'à ce que Fréderic fût écrasé. Ma correspondance avec le Duc de Choiseul me fit naître cette idée ; elle me parut si ridicule, si digne de tout ce qui se passait alors, que je l'embrassai, & que je me donnai la satisfaction de prouver par moi-même, sur quels petits & faibles pivots roulent les destinées des Royaumes. M. de Choiseul m'écrivit plusieurs Lettres ostensibles, tellement conçues que le Roi de Prusse put se hasarder à faire quelques ouvertures de paix, sans que l'Autriche pût prendre ombrage du Ministère de France, & Fréderic m'en écrivit de pareilles, dans lesquels il ne risquait pas de déplaire à la Cour de Londres. Ce commerce très-délicat dure encore ; il ressemble aux mines que font deux chats qui montrent d'un côté patte de velours, & des griffes de l'autre. Le Roi de Prusse battu par les Russes, & ayant perdu Dresde, a besoin de la paix. La France battue sur terre par les Hanovriens, &

ſur mer par les Anglais, ayant perdu ſon argent, eſt forcée de finir cette guerre ruineuſe.

Voilà, belle Emilie, à quel point nous en ſommes.

CE 27 9BRE 1759, AUX DELICES.

Je continue, & ce ſont toujours des choſes ſingulières. Le Roi de Pruſſe m'écrit du 17 Décembre : „ Je vous en manderai davantage de Dreſde, où je ſerai „ dans trois jours ; „ & le troiſième jour il eſt battu par le Maréchal Daun, & il perd dix mille hommes : il me ſemble que tout ce que je vois eſt la fable du pot au lait. Notre grand marin Berrier, ci-devant Lieutenant de Police à Paris, & qui a paſſé de ce poſte à celui de Secrétaire d'Etat & Miniſtre des mers, ſans jamais avoir vu d'autre flotte que la gaillotte de S. Cloud & le coche d'Auxerre, notre Berrier, dis-je, s'était mis dans la tête de faire un armement naval, pour opérer une decente en Angleterre. A peine notre flotte a-t-elle mis le nez hors de Breſt, qu'elle a été battue par les Anglais, brisée par les rochers, détruite par les vents, ou engloutie par la mer. Nous avons eu pour Contrôleur des Finances un Silhouette que nous ne connaissions que pour avoir traduit en prose quelques vers de Pope ; il passait pour un aigle, mais en moins de quatre mois l'aigle s'est changé en oison. Il a trouvé le secret d'anéantir le crédit, au point que l'Etat a manqué d'argent tout d'un coup pour payer les troupes. Le Roi a été obligé d'envoyer sa vaisselle à la monnoye, une bonne partie du Royaume a suivi cet exemple.

1er FÉVRIER 1760.

Enfin, après quelques perfidies du Roi de Prusse, comme d'avoir envoyé à Londres des Lettres que je lui avais confiées, d'avoir voulu semer la zizanie entre Nous & nos Alliés, toutes perfidies très-permises à un grand Roi, sur-tout en tems de guerre, je reçois des propositions de paix de la main du Roi de Prusse, non sans quelques vers, il faut toujours qu'il en faſſe, je les envoye à Verſailles, je doute qu'on les accepte ; il ne veut rien céder, & il propoſe pour dédommager l'Electeur de Saxe ; qu'on lui donne Erford qui appartient à l'Electeur de Mayence. Il faut toujours qu'il dépouille quelqu'un, c'eſt ſa façon. Nous verrons ce qui réſultera de ces idées, & ſur-tout de la campagne qu'on va faire.

Comme cette grande & horrible Tragédie eſt toujours mêlée de Comique ! On vient d'imprimer à Paris les Poéſies du Roi mon maître, comme diſait Freitag. Il y a une Epître au Maréchal Keit, dans laquelle il ſe moque beaucoup de l'immortalité de l'ame & des Chrétiens. Les dévots n'en ſont pas contens, les Prêtres Calviniſtes murmurent ; ces pédans le regardaient comme un ſoutien de la bonne cauſe ; ils l'admiraient quand il jettait dans des cachots les Magiſtrats de Leipſick, & qu'il vendait leurs lits pour avoir leur argent ; mais depuis qu'il s'eſt aviſé de traduire quelques paſſages de

Seneque, de Lucrece & de Ciceron, ils le regardent comme un monstre.

Les Prêtres canoniseraient Cartouche dévôt.

FIN.

www.ingramcontent.com/pod-product-compliance
Ingram Content Group UK Ltd.
Pitfield, Milton Keynes, MK11 3LW, UK
UKHW021111220726
13924UKWH00004B/1648

9 782019 710323